유대교, 기독교, 이슬람교의 기원

– 신학 및 문화적 배경을 중심으로

김득해
Samuel D. Kim

산사나무

김득해

유대교, 기독교, 이슬람교의 기원

인쇄 2026년 3월 25일
발행 2026년 3월 30일

지은이 김득해
발행인 이노나
펴낸곳 산사나무
주 소 서울특별시 종로구 창덕궁길 146-1, 302호
전 화 010-8208-6513
이메일 sansanamu22@hanmail.net
출판등록 제2022-000122호

ISBN 979-11-996754-4-5 03200

값 16,000원

사랑하는 쥴리, 중범, 혜린이에게

　세계종교사와 종교철학을 전공하고 연구하는 교수로서 지난번 한글판 《세계종교사와 기독교》 그리고 영문판 《World Religions and Christianity》를 집필한 이후 이번 14번째와 15번째 책에서는 세계 3대 종교인 유대교, 기독교 그리고 이슬람교의 기원과 동시에 이 종교들의 신학적, 문화적 배경을 조사·연구하는 것을 기본 목적으로 삼았다. 이 책의 준비 과정에 있어서 기본 자료(1차 자료)는 제한되어 있고 2차 자료는 너무나 광범위하고 다양해서 가능한 그 내용들을 간추려서 간략하게 소개하려고 노력하였다. 더 나아가서 이 책은 학구적인 논문이 아니라 누구나 쉽게 읽을 수 있도록 쉽게 편집한 글임을 미리 말해 둔다. 그리고 한글판과 영문판을 나누어서 따로 책을 내지 않고 합본해서 한 책으로 편집해 보았다.

이번에도 저의 책의 출판을 위해 재정적으로 후원해 주신 나의 Columbia University 대학원 친구, Dr. Charles Goodman 사장에게 특별히 감사를 드린다. 그리고 이 책의 편집을 도와주신 Northeast 복음신학대학(원) 학장 김종헌 박사님과 산사나무 출판사 이노나 대표님께 아울러 감사를 드린다.

끝으로 이 책이 나올 때까지 인내심을 가지고 저의 건강을 돌보아 준 아내 이인숙 권사님에게 감사를 드린다.

2026년 3월

김득해(Samuel Dukhae Kim)

유대교, 기독교, 이슬람교의 기원
- 신학 및 문화적 배경을 중심으로

제1장

유대교(Judaism)

제1장 유대교(Judaism)

아브라함의 자손들에 의해서 생긴 종교가 세 가지가 있다. 곧 유대교, 기독교 그리고 이슬람교이다. 그러나 유대교는 아브라함이 자기들의 육적인 조상이라고 주장하고 기독교는 아브라함이 영적인 조상이요 가장 늦게 생긴 이슬람교도 역시 아브라함이 그들의 조상이라고 하지만 유대교와 다른 것은 그들이 경배하는 신이 유대교의 Yahweh(Jehovah)가 아니고 Allah(히브리어의 Elohim과 같은 어원)라고 주장한다.

기원

유대교 및 구약학자들 사이에는 유대교의 기원에 대하여 대강 두 가지 설을 주장하고 있다.

첫 번째로 유대교가 3500년 전에 시작되었을 것이라고 주장하는 학자들은 유대교의 시작을 아브라함으로부터 거슬러 올라가서 보는 견해다. 일설에 의하면 아브라함은 기원전 2018년에 태어난 것으로 알려져 있다. 아브라함이 유대교의 아버지 또는 열국의 아버지라고 불리는(창 17:4) 해는 아브라함의 나이가 99세였고 이때는 주전 1919년으로 짐작된다. 다시 말해서 3937년 전에 아브라함이 열국의 아버지로 지칭이 되는데, 이 열국의 아버지라는 명칭은 장차 그로부터 이스라엘 민족이 형성될 것이라는 암시라 볼 수 있다. 곧 유대인의 시조요 유대교 창시의 아버지라고 볼 수 있다는 것이다.

두 번째 유대교 기원설은 모세로부터 시작되었다고 하는 견해이다. 모세가 시내산에서 하나님으로부터 십계명을 받음으로써 하나님과 유대 백성들 간의 새롭고 영원한 언약관계(Covenant relationship)를 맺음으로 유대교가 창시되었다는 것이다. 이 십계명을 통하여 유대 백성들은 유일신인 여호와 하나님만을 섬겨야 하는 책임과 의무를 지게 되는 것이다. 이 십계명은 유대인들에게 새로운 종교 윤리를 확립시켰을 뿐 아니라 또한 유대인들이 하나님의 선택된 백성으로서의 자격을 부여받은 근거라고 주장한다. 이후로 유대교는 선택된 백성으로 제사장을 통하여 여호와 하나님께 제사를 지냈고 이 제사를 통하여 속죄함을 받을 뿐 아니라 하나님과 좀 더 가까운 관계를 유지하는 기회가 되었다.

유대교는 전통적으로 성전 중심의 종교라고 볼 수 있다. 이스라엘 백성들은 예루살렘 성전을 중심으로 제사장들이 치르는 제사 중심의 종교라고 해도 과언이 아니다. 제사장들은 여호와를 섬기는 복잡하고 독자적인 종교의식(동물을 희생하는 번제, 속죄, 제사 및 화목제사 등)을 주관하고 매일 제사를 거행했으며 더 나아가서 제사장들은 유대 민족에 대한 재판권도 가졌다. 이 시기에는 예루살렘 성전이 신앙의 중심이 되었고 유월절 등의 명절이 되면 수많은 유대인들이 예루살렘 성전으로 제물을 바치러 온다. 예루살렘 성전의 최초는 다윗왕이 준비하고 솔로몬왕이 세웠다고 알려진 제1성전이었다. 과거

광야의 성막과 달리 건물이었기 때문에 규모도 훨씬 커져서 제사장 물병과 금 촛대, 그리고 떡 상이 열 개로 늘어놓아졌으며 여호와의 능력을 상징하는 두 개의 놋 기둥인 야긴(왕상 7:15-22, 오른쪽 기둥)과 보아스(왼쪽 기둥) 등이 설치되어 있다.

그러다 586년 바벨론의 3차 침공 때 첫 번째 성전은 완전히 파괴되었다. 그 후 기원전 539년에 두 번째 성전이 지어졌는데 이때 성전 건축 지휘를 맡았던 스룹바벨의 이름을 따서 '스룹바벨 성전'이라고도 한다. 당시 페르시아의 지배를 받고 있던 때라 물자도 풍부하지 못하고 일꾼을 구하기가 힘들어 솔로몬시대의 제1성전에 비하면 여러모로 스케일이 작은 것이 특징이었다. 이 두 번째 성전은 기원전 167년에 시리아에 의해 크게 수난을 당했다. 그 후 기원전 20년경에 다시 한 번 대규모 성전 건축을 시도했는데 9년간의 건축으로 외관은 완성했지만 헤롯대왕이 죽을 때까지 성전은 완공되지 못했다. 예수께서 사역하시던 때에도 성전 개축은 계속되었는데 이를 '헤로데 성전'이라고 부른다. 이전의 성전에 비해 규모가 엄청나게 컸고 역대 성전 중에 가장 웅장하게 만들어졌으나 결국 주후 70년 로마전쟁 때 예루살렘 성전은 파괴되었는데 서쪽 벽(통곡의 벽으로 알려짐)만 남기고 말았다.

유대인들은 유대교란 말을 거의 사용하지 않는다. 오히려 타종교에서 유대인들의 종교를 부르는 이름이다. 유대교는 수천 년의 역사를 지닌 종교로서 점차로 제사장 중심의 유대교에서 랍비(Rabbi) 중심의 종교제로 바뀌면서 공동체 예배를 통해 오늘날까지 그 정체성을 유지하고 있다. 더 나아서 유대교는 기독교와 이슬람교가 탄생하는 뿌리로서 커다란 역할을 하였다. 그리고 유대교는 고대 이스라엘 민족의 종교적 전통에 뿌리를 둔 유일신 종교로, 히브리어 성경과 구전전통을 중심으로 발전해 왔다.

유대교 전통에 의하면 이스라엘 백성들은 선택된 민족이라는 사상 속에 유대인의 정체성과 깊이 연결되어 있다. 유대교는 단지 신앙 체계에 머물지 않고, 민족성과 문화, 율법, 윤리, 역사의식을 포괄하는 총체적 정체성을 형성해 왔다. 유대교 신앙의 핵심은 야훼(Yahweh)라는 유일신에 대한 믿음이며, Yahweh는 이스라엘 민족과 언약을 맺고 율법을 부여함으로써 인류의 구속사를 주관한다는 신학적 전제를 기반으로 한다. 이러한 유대교는 단순한 신앙이 아니라, 율법에 의한 삶을 지향하는 일종의 삶의 방식으로 이해되며, 이는 곧 유대인의 종교적, 윤리적 생활 전반에 영향을 끼쳐왔다.

유대교의 율법 중심의 전통은 '토라(Torah)'를 중심으로 정리되었으며, 이후 구전 전통은 '미쉬나'와 '탈무드'로 집대성되면서 보다 조직화되고 체계화된 신앙 체계로 자리매김하게 되었다. 유대교는 일신교 종교 중 가장 오래된 종교이다. 그러나 오늘날 유대교는 종파에 따라 다양한 실천 양상을 보이고 있으나 근본적으로는 신과의 언약, 율법의 준수, 그리고 회당을 중심으로 한 공동체 예배를 통해 그 전통을 이어가고 있다.

경전(히브리 성경)

　유대교의 경전 체계는 크게 세 가지로 구성되는 토라(모세오경), 느비임(예언서), 케투빔(성문서)로 구성된 히브리 성경(타나크, Tanakh)과 구전으로 내려온 율법을 집대성한 탈무드(Talmud)가 그것이다. 그중 Torah는 모세오경(창세기, 출애굽기, 레위기, 민수기, 신명기)으로 구성되며, 율법의 핵심이자 유대인의 종교 생활의 기초를 이룬다. 탈무드는 미쉬나(Mishnah)와 그 해설서인 게마라(Gemara)로 이루어져 있으며, 법률, 도덕, 예배, 일상생활 등 유대인의 삶을 총망라하는 백과사전적 문헌이다. 이처럼 유대교는 문자와 구전이라는 두 가지 전통을 모두 존중하며, 학문적 논의를 통해 경전 해석의 전통을 계승해 왔다. 이러한 경전 중심의 유대교 신앙은 회당(synagogue)이라는 공동체 중심 공간에서 실천적으로 구체화된다. 회당은 단순한 예배장소를 넘어서, 교육과 회의, 공동체 결속의 중심 역할을 해왔다. 전통적으로 유대인은 안식일(sabbath)과 주요 절기마다 회당에 모여 기도와 율법 낭독, 랍비(Rabbi)의 설교를 듣는 예배를 드리며, 이는 히브리어로 진행된다. 예배는 매우 구조화되어 있고, 회중은 수동적 청중이 아니라 적극적인 응답과 낭독을 통해 예배에 참여한다. 남녀가 분리되어 앉는 전통을 유지하는 경우도 있으며, 이는 보수적 회당에서 특히 엄격하게 지켜진다. 예배에서 가장 중요한 순간은 토라 낭독으로, 매주 정해진 분량의 토라가 회중 앞에서 히브리어로 낭송되며, 이는 공동체의 정체성과 신앙을 확인하는 중요한 시간이다. 이러한 예배 전통은 고대 성전 파괴 이후 회당이 중심이 된 '분산 유대교' 시대의 적응 결과이며, 이는 오늘날까지 지속되고 있다.

현대에 이르러 유대교는 지역과 종파에 따라 다양한 형태로 실천되고 있으나, 여전히 경전과 회당 중심의 신앙 구조는 그 핵심을 유지하고 있다. 정통파(Orthodox Judaism)는 전통 율법과 히브리어 예배를 철저히 유지하며, 남성과 여성의 역할을 구분하고 안식일을 철저히 준수하고 식품 규율을 엄격히 지키는 반면, 보수파와 개혁파는 현대적 해석과 실천을 통해 유연성을 확대하고 있다. 회당은 여전히 공동체의 중심이며, 예배뿐 아니라 교육, 결혼, 성인식(남자 13세: bar mitzvah, 여자 12세: bat mitzvah) 등 삶의 중요한 순간을 함께하는 공간으로 기능하고 있다. 특히 디아스포라 상황에서 회당은 정체성을 지키기 위한 중심적 장소이며, 토라 낭독과 기도는 공동체 구성원으로서의 소속감을 강화하는 역할을 한다. 현대 유대인들은 스마트폰 앱이나 온라인 강의 등을 통해 토라와 탈무드를 학습하고 있으며, 회당예배 역시 온라인 실시간 중계가 보편화되는 추세다. 이는 전통의 계승과 기술의 융합이 가능하다는 것을 보여주는 한 예이며, 유대교의 지속성과 적응력을 잘 드러낸다. 오늘날 유대교는 단지 종교적 실천에 그치지 않고, 사회 윤리, 정치, 교육, 문화 전반에 깊이 영향을 미치고 있으며, 세계 각지의 유대 공동체는 이러한 신앙을 통해 고유한 정체성을 유지하고 있다. 유대교는 한 신과의 언약이라는 고대의 신념을 시대에 맞게 해석하고, 실천을 통해 전승해온 종교이다. 경전의 권위와 회당 중심의 예배는 그 핵심 축으로서, 유대인의 삶과 문화 속에서 오늘날까지 변함없는 중심 역할을 하고 있다.

전통과 율법

유대교는 다른 종교와 어떻게 다른가? 유대인들은 누구인가? 유대교는 단순한 종교인가? 문화적 정체성인가? 아니면 단지 민족 집단인가? 유대인은 민족인가, 국가인가? 유대인들은 무엇을 믿으며, 모두 똑같은 것을 믿는가? '유대인'에 대한 사전적인 정의는, '유다 지파의 일원', '이스라엘 사람', '기원전 6세기부터 서기 1세기까지 이스라엘 땅에 있었던 나라의 일원', '고대 유대인의 후손이거나 개종을 통해 연결된 사람', '종교가 유대교인 사람' 등을 포함한다.

일반적으로 유대인은 어머니가 유대인이거나 유대교로 공식 개종한 사람을 말한다. 토라에서는 이 전통을 지지하는 구체적인 주장을 하지 않았지만, 이런 믿음에 신뢰성을 부여하기 위해 레위기 24:10이 종종 인용된다. 어떤 랍비들은 유대인이 되는 것은 개인이 실제로 무엇을 믿는 것과는 아무런 관련이 없다고 말한다. 이 랍비들은 유대인으로 간주되기 위해서는 유대의 율법과 관습을 따르는 사람일 필요는 없다고 한다. 사실, 어떤 유대인이 하나님에 대한 믿음이 전혀 없더라도, 위의 랍비적인 해석에 기초하여 여전히 유대인이 될 수 있다고 주장한다. 결과적으로 유대인들은 조상으로부터 후대에 이르기까지 율법과 전통을 중요시하고 있다.

성경의 처음 다섯 권인 토라에서 창세기 14:13에 의하면 첫 번째 유대인으로 인정된 아브람이 '히브리인'으로 묘사되었다고 가르친다. '유대인'이라는 이름은 야곱의 열두 아들 중에 하나이고, 이스라엘의 열두 지파 중 하나인 유다라는 이름에서 유래했다. 분명히 '유대인'이라는 이름은 원래 유다 지파에 속한 사람들에게만 지칭되었지만, 솔로몬의 통치 이후에 왕국이 나뉜 후에는(열왕기상 12장) 유다, 베냐민, 레위지파를 포함하던 유다 왕국의 백성 모두에게 사용되었다. 오늘날 많은 사람들은 원래 열두 지파 중 유다 지파에 속하는 것과는 상관없이, 아브라함, 이삭, 야곱의 생물학적 자손들을 유대인이라고 믿고 있다.

그렇다면, 유대인들이 믿는 것은 무엇이며, 유대교의 기본 교훈은 무엇인가? 오늘날 세계에는 유대교의 다섯 가지 주요 형태 또는 종파로 나누어진다. 이 종파들은 뒤에서 자세히 설명되겠지만 주로 극단주의, 정통주의, 보수주의 및 개혁주의(재건 유대교, 안본주의 유대교 포함)라는 명칭을 첨가한 종파이다. 각 파의 신앙과 요구 사항은 크게 다르지만, 유대교의 전통적인 신앙을 간추린 목록은 다음의 사항들을 포함한다.

하나님은 존재하는 모든 것을 창조하신 분이시다. 그분은 (몸이 없는) 무형의 존재이시며, 그분만이 우주의 절대 통치자로서 숭배를 받아야 한다. 히브리어 성경의 처음 다섯 권은 하나님에 의해 모세에게 계시되었다. 그 책들은 미래에 변경되거나 추가되지 않을 것이다. 하나님은 선지자들을 통해 유대 백성들과 소통하셨다. 하나님은 인간의 활동을 지켜보신다. 그분은 각 개인의 선한 행동에 상을 베푸시고, 악에 대해 처벌하신다.

비록 기독교인들이 유대인과 같이 그들 믿음의 상당 부분을 히브리어 성경에 두고 있지만, 신앙에는 큰 차이가 있다. 유대인은 일반적으로 활동과 행동을 가장 중요하다고 생각한다. 신앙은 행동에서 나온다고 믿는다. 그러나 그리스도인들은 믿음을 가장 중요하게 여기며, 행동은 믿음의 결과라고 믿는다.

유대인의 믿음은 기독교의 원죄에 대한 개념(아담과 하와가 에덴동산에서 하나님의 지시에 불순종했을 때, 모든 사람이 그들의 죄를 물려받았다는 믿음)을 받아들이지 않는다. 유대교는 세상과 사람들이 하나님의 창조물로서 본래 선하다고 확증한다. 유대교 신자들은 미츠바(mitzvahs, 하나님의 명령들)를 성취함으로써, 그들의 삶을 거룩하게 하고 하나님께 더 가까이 나아갈 수 있다.

유대교는 구원자가 필요 없고 또한 중보자도 필요 없다고 주장한다. 그 대신 레위기 및 다른 책들에 나오는 613계명이 유대인 생활의 모든 면을 규제한다고 본다. 출애굽기 20:1-17과 신명기 5:6-21에 묘사된 십계명은 율법의 간략한 개요를 형성한다. 일부 정통 유대인들은 메시아(하나님의 기름 부음을 받은 자)가 장래에 오셔서 다시 한 번 유대인들을 이스라엘 땅으로 모을 것이고 로마인들이 서기 70년에 파괴했던 예루살렘 성전이 재건될 것이라고 믿는다.

예수에 대한 신앙은 상당히 다양하다. 대부분 유대인들은 예수님을 위대한 도덕 선생으로 보거나 랍비 정도로 보고 있다. 극단주의 유대인들은 예수님을 거짓 선지자 또는 그리스도교의 우상으로 본다. 유대교의 일부 종파는 우상의 이름을 말하는 것이 금지되어 있기 때문에 예수님의 이름조차 말하지 않는다.

일반적으로 유대인들은 그들이 하나님의 택하신 백성으로 믿기는 하나 반드시 유대인들이 다른 그룹들보다 더 우월하다는 것을 의미한다고 보지는 않는다. 출애굽기 19:5과 같은 성경 구절은 하나님이 단지 이스라엘을 택하셔서 토라를 받아 연구하게 하셨고, 하나님만을 경배하고 안식일에 쉬며 절기를 지키도록 하셨다고 말한다. 유대인들이 다른 이들보다 더 우월하도록 선택된 것은 아니다. 그들은 단지 이방인들에게 빛이 되고, 모든 민족에게 복이 되도록 하기 위해 선택되었다고 대부분의 유대학자들은 주장한다.

고대 유대교 종파

고대 유대교를 대표하는 종파로는 대개 3가지로 구분된다. 1) 사두개파, 2) 바리새파, 3) 에세네파로 나누어진다.

1) 사두개파(Sadducess)

사두개파는 성전을 중심으로 하는 유대교의 일종이다. 기원전 5세기 바벨론에서 돌아온 유대인들이 예루살렘의 성전을 재건하고 이 성전을 중심으로 새로 조직된 성전 중심적이며 동시에 인종주의적 견해를 바탕으로 계급적 제사장 자리를 전통적으로 지킨 유대인들이다. 이들은 다소 헬라주의적 경향을 보이면서도 기존의 유대 문화를 보존하려 했고 결국 기존 전통적 제사장이었던 레위 지파인들을 몰아내고 제사장 자리를 차지했다. 따라서 레위 지파가 아닌 제사장을 선출하여 제사장의 특권으로 모세오경(토라, 율법서)만 정경으로 여기고 모세 율법은 자유로이 해석할 권한이 있다고 주장했다. 이들은 기원후 70년 로마제국이 예루살렘 성전을 파괴한 후 완전히 사라져 바리새파에 흡수되었다.

2) 바리새파(Pharisees)

바리새는 본래 분리 또는 분별하다는 뜻을 가진 유대교파로 기원전 2세기에 본격적으로 형성되었으나 실제로는 기원전 5세기 에스라 제사장으로부터 시작된다. 바리새파는 기본적으로 보수파에 속한다. 바리새파는 사두개파의 제사장의 율법 해석과 제사만으로 부족하다고 생각하고 항상 율법에 따른 행위와 계약에 대한 기준을 제시하는 역할을 수행하였다. 바리새파도 성전에서 제사를 지냈으나 대부분 사두개파에 축출당한 제사장들의 후손이었으므로 대부분 수공업 같은 일반 직업을 가지고 동시에 회당에서 활동하였으며 일부만이 직업으로 회당에서 행정과 교육, 율법 해석 업무를 맡았다. 이들은 지역별 회당을 중심으로 활동하였으며 제사장과 긴장 관계와 해석에 대립했지만 적대적이지 않고 보수적인 성향으로 상호 영향을 주었다. 기원후 70년 로마제국의 이스라엘 전쟁과 성전 파괴의 기간에는 친로마제국적 태도를 취해 바리새파 중심인 회당은 파괴되지 않았으며 전승과 문서를 보존할 수 있었다.

3) 에세네파(Essenes)

분파주의로 알려졌으나 대부분 사회활동을 하며 수도생활을 병행했고 일부는 완전히 분리된 성소에서 수도하는 기간을 보냈다. 유대교 종파 중 가장 진보적인 성향의 것으로 신비철학적 성격이 있다고 알려져 있다. 이 종파는 제사장의 지위를 획득하지 못했다. 그러나 바리새파와 사두개파의 토라 해석이 충분하지 못하다고 생각했다. 사두개파와 바리새파들에게 밀려난 이 종파는 광야로 이동하여 공동체를 이루고 생활을 시작했고 점점 성전에서 멀어져 유대절기에 성전에 가기도 했으나 대부분 자신들의 성소에서 모였고 이 성소에서 수도생활을 하였다. 그들은 성전이 부패하여 자신들의 성소에서 정결예식과 제사의식을 거행했다.

이 종파는 주후 70년 로마제국 이스라엘 전쟁에서 반로마제국적 성향으로 직접적인 공격을 받아 성소의 기록 자료들이 다 소멸되었고 살아남은 에세네파는 기독교와 친로마제국적 성향인 바리새파에 흡수되었다. 후에 에세네파의 문헌이 1947년 쿰란 부근의 동굴에서 대규모로 발견되어 그 당시의 사정을 좀 더 자세히 알 수 있게 되었다. 진보적인 에세네파의 일부가 열심당원으로 알려진 셀롯(Zealot)파로 발전하였고 이 종파는 결국 반로마 무저항 세력으로 발전하여 주후 70년에 로마제국으로부터 직접 공격을 받게 되었다. 일부는 역시 기독교나 바리새파에 흡수되었다. 예수님의 제자 중에 셀롯파에 속한 사람이 많았다.

이 열심당 유대인들은 종교적인 신념 때문에 이교적인 로마제국에게 굴복하지 않고 로마 사람들에게 세금 바치기를 거부했다(막 12:13, 17 참조). 이들은 새로운 다윗인 메시아가 다스리는 민족주의적인 나라를 기대했다. 더 나아가서 폭력적인 행동으로 메시아왕국을 세우려고 노력했다. 주후 70년에 예루살렘이 로마 사람들에게 파괴되는 결과를 초래한 반란의 배후에는 이 열심당원들이 있었다. 예수님의 제자들 가운데서 전에 이 움직임에 속했거나 가까이 서 있었던 사람이 적어도 두 사람이 있었는데 셀롯당원 또는 가나안인(셀롯당원: 10:4; 눅 6:5)이라는 별명을 지닌 시몬이 그 사람이다. 그리고 가룟 유다가 이 당원으로 일을 했다. 시몬 베드로에게는 '바요나(마 16:17)'라는 별명이 붙어 있는 데 '바'의 뜻은 아랍말 '바로'에서 온 것으로 '폭도'라는 뜻을 가지고 있다.

1. 유대교의 율법(Jewish law) 구성

유대교의 율법 구성은 일반적으로 Halakha로 유대교의 종교적 율법의 총체를 가리키는 말이다. Halakha에는 모세 율법(모세오경)과 모세오경을 내용으로 만들어진 613계명과 후대의 탈무드 율법과 랍비 율법 그리고 유대교의 관습과 전통이 포함되어 있다.

일반적으로 유대교의 율법에는 대강 5가지가 있다. 1) 토라(Torah), 2) 탈무드 율법(Talmudic law), 3) 랍비 율법(Rabbinic law), 4) 유대교 관습(Jewish customs), 5) 유대교 정경(Tanakh) 등이다.

1) 토라(모세오경)

토라(Torah)는 '가르침'이라는 뜻을 가지고 있다. 토라는 히브리 성서 또는 구약 성경의 첫 다섯 편으로 창세기, 출애굽, 레위기, 민수기, 신명기를 말한다. 모세오경(Five Books of Moses) 또는 '펜타튜크(Pentateuch)'라고도 한다. 현대의 유대교 전통에 따르면 토라는 모세가 야훼로부터 직접 받았거나 또는 영감을 받아 기록한 것이라고 한다. 물리적 성전을 필요로 하지 않는 바리새파의 전승으로 인해 토라는 유대교에서 가장 중요한 정신적 성전이다. 모세가 야훼

(Yahweh)로부터 받았다고 하는 십계명은 유대교의 종교적 토대를 이룬다. 또한 모세는 유대교에서 가장 중요한 예언자이다. 모세오경은 단순히 토라라고도 불리며 또는 '글로 쓰여진 토라'라고도 불린다. 유대교 전통에 따르면, 글로 쓰여진 토라에 담지 못한 내용이 구전 율법 즉 구전 토라의 형태로 전승되어 내려왔다.

2) 탈무드 율법(Talmudic law)

탈무드(Talmud)는 유대교의 율법, 윤리, 철학, 관습 및 역사 등에 대한 랍비의 토론을 담은 유대교의 주석으로 주류 유대교의 중심을 이루는 문헌이다. 탈무드는 기원후 220년경에 형성된 '미슈나(Mishnah)'와 기원후 500년경에 형성된 '게마라(Gemara)'로 구성되어 있다. 미슈나는 유다교의 구전 율법 즉 구전 토라를 최초로 집성하여 기록한 것이다. 게마라는 미슈나에 대한 토론과 미슈나 시대(1~220 CE)의 현자들 또는 랍비들의 관련 저작을 포함하고 있다. 이 때문에 게마라에서 다루는 주제는 토라에 한정되지 않다. 또한 게마라에서는 미슈나에 포함되지 않은 부분도 있다.

(1) 바빌로니아 탈무드(Babylonian Talmud)

기원후 5세기경에 바빌로니아에 거주하던 유대교 학자들에 의해 만들어진 것인데 주전 586년 유대인들이 고대 이스라엘에 거주하는 학자들과의 교류 없이도 독자적인 종교적 가르침을 발달시킬 수 있었다. 그동안 많은 세월을 통해 유대교 학자들의 지혜를 모아서 만들어진 것이다. 바빌로니아 탈무드를 편찬한 학자는 두 명으로 알려져 있는데 한 사람은 바빌로니아에서 현자로 알려진 랍비 아쉬(A.D. 352~427)와 그의 제자 라비나 2세이다. 스승인 랍비 아쉬가 편찬을 시작했고 제자 라비나 2세가 A.D. 475년에 편찬을 완성했다고 전해진다.

(2) 예루살렘 탈무드(Jerusalem Talmud)

예루살렘 탈무드는 팔레스타인 탈무드라고도 한다. 기원후 350년경에 고대 이스라엘에 거주하던 유대교 학자들에 의해 유대의 구전 율법들 가운데 가장 권위 있는 법전인 미슈나와 수세기 전부터 구전으로 전수되어 오던 유대교 가르침을 집대성한 것이다. 이 탈무드는 예루살렘에서 편찬되지 않고 팔레스타인에 편찬된 것이므로 두 가지의 이름을 가지게 된 것이다.

3) 랍비 율법(Rabbinic law)

랍비 계명이라고도 한다. 후대에 제정된 것으로 총 7가지가 있다. 모세 율법에서 구성된 613가지와 합하여 이루어진 총 620가지의 율법은 유대교의 율법을 완성시킨다고 한다.

4) 유대교 관습(Jewish customs)

유대교와 유대인들의 생활관습을 총망라한 것이다.

5) 유대교의 정경(Tanakh)

유대교 정경을 의미하는 Tanakh는 유대교 성경인 히브리 성서를 가리킨다. 유대교의 정경은 전통적으로 다음 세 부류로 나누어진다. Tanakh(TNK)는 Torah의 T와 Neviim의 N과 Ketuvim의 K의 첫 글자를 따서 만든 것이다. Tankah는 총 24권으로 구성되어 있다.

(1) 율법서: Torah(Laws, Teachings)
창세기, 출애굽기, 레위기, 민수기, 신명기

(2) 예언서: Neviim(Prophets)
a. 전기예언서(First Prophets): 여호수아, 사사기, 사무엘(기독교: 상하), 열왕기(기독교: 상하)
b. 후기예언서(Latter Prophets): 이사야, 예레미야, 에스겔
c. 소예언서(Tweleve Minor Prophets): 유대교는 소예언서를 한 권으로 묶었다. 그러나 기독교에서는 12권으로 나뉘었다. 곧 호세아, 요엘, 아모스, 오바댜, 요나, 미가, 나훔, 하박국, 스바

냐, 학개, 스가랴, 말라기.

(3) 성문서: Ketuvim(Writings)

11권이 있다. 시서(Poetic Books: 시편, 잠언, 욥기), 지혜서(Five Scrolls: 아가, 룻기, 예레미야애가, 전도서, 에스더), 역사서(Historical Books: 다니엘, 에스라, 느헤미야, 역대기).

2. 유대교의 선민사상

유대교는 선민사상을 가진 대표적인 종교이다. 이 사상은 같은 아브라함계 종교인 기독교와 이슬람교와 비교가 되는 것이다. 사도 바울도 로마서에서 유대교와 기독교 즉 이방인들이 하나님의 자녀로 서로 관계가 깊은 것으로 표현하고 있다(롬 1:16). 유대교에서는 Yahweh(여호와)가 모든 민족을 지배하지만 그중에서 특히 유대인들을 아브라함과 야곱과 모세 그리고 Torah를 통해 선택된 선민으로 뽑았으며 다른 민족들은 유대인들이 타락할 경우에 그들의 징벌을 위해서 사용한다는 이념을 갖고 있다. 메시아도 오직 유대인을 위해서만 오는 존재라고 주장한다. 현대에 와서 메시아에 대한 기대가 많이 줄어 현재 사는 세상에 충실하고자 하는 진보적인 유대인이 많이 생겼으나 아직도 Zionist와 극우 유대교 Orthodox(Hasidic Jews)파에서는 미래의 메시아를 기다리고 있다. 한때 유대교는 혈통 중심의 구원론을 주장했으나 이제는 유대교를 믿으면 혈통 상관없이 유대인이고 구원받는다고 하는 진보주의적 사상이 점차로 주목을 받고 있다. 요나서에서도 유대인만의 유일신으로 여겨지던 하나님이 아시리아인들의 구원을 원하는 모습이 나오고 사도행전의 코넬리우스는 로마 사람이었지만 유대교를 믿기도 했다. 다만 유대교를 믿는다는 것은 유대인의 정체성을 갖고 유대인의 문화를 받아들이고 따른다는 것이기에 선민사상이 완전히 없어졌다고 보기는 힘들고 근대에 와서는 혈연적 선민사상에서 문화적 선민사상으로 변해가고 있다고 볼 수 있다.

현재 유대교는 극단주의, 정통, 보수 및 개혁파로 나뉘어져 활동하고 있다.

1) 극단주의 유대교

이 극단주의 유대인들은 유대 사회에서도 골칫거리다. 사회적으로 짐만 되는 세력들이 계속 인구수를 불리고 여성의 지위와 여성의 사회 활동을 극단적으로 부정하고 있다. 그러나 정치에는 적극적으로 참여한다. 세속 사회를 경멸하고 파괴하려들거나 타민족과 타종교를 멸시하고 유대교 율법만을 고집하고 지키는 것을 진정한 유대교 사상이라고 주장하고 초강경 극우 유대교를 이스라엘 국가정책으로 쓰자고 막무가내로 주장하는 집단이다.

2) 정통파 유대교

유대교 율법과 의식을 정통으로 지키는 분파를 말한다. 일반적으로 이스라엘 본토나 중동 지역에 많이 분포되어 있으므로 이들은 개혁파 유대교가 주장하는 교리의 문화, 역사적 해석 및 수정을 전면적으로 부정하고 오직 정통성만을 강조한다. 그들은 토라와 탈무드 구전 율법에 나와 있는 613가지의 율법을 철저하게 준수한다. 대표적인 것으로 예배와 음식 규정(Kosher food만 섭취 가능), 전통적인 기도와 의식, 규칙적이고 철저한 토라 연구, 회당 남녀 동석 금지, 예배 시에 악기 연주 등을 금지하는, 말 그대로 정통주의 유대인들이다. 이 정통파의 입교는 굉장히 어렵고 까다롭다. 정통파 유대인들은 이방인이 유대교에 입문하고 싶다는 의사를 밝힐 경우 적어도 1년간 교육을 시키고 시험을 보게 해서 합격된 자를 엄선한다.

3) 보수파 유대교

전통 유대교의 본질적 내용을 보존하면서도 종교 관습의 현대화를 인정하는 분파이다. 쉽게 말해서 정통파보다는 진보적이고 개혁파보다는 보수적이다. 이들은 구전법과 성문법의 내용들이 현대사회의 문화에 맞지 않다고 생각했으며 1844년 결국 정통파에서 탈퇴, 보수 운동을 시작하면서 만들어졌다. 이들은 토요일 예배 및 식사 예절 기도 등 유대교에서 따라야 하는 613가지 율법을 준수하려고 노력하지만 수정을 허용하고 또 여성 랍비를 선임하는 등 정통파와는 반대되는 행보를 보였다.

4) 개혁파 유대교

기존 유대교의 율법 및 신앙 등을 포기하거나 기존 사회에 적용하려는 운동 즉 정통적인 교리를 지키는 것이 아닌 개인의 상황을 중요시하는 분파이다. 이들은 숄(탈리트)을 두르지 않고 안식일에도 예배만 보고 평소와 다름없이 생활을 한다. 음식에 대한 율법은 돼지고기를 안 먹고 Kosher food가 있을 경우에만 먹는 것으로 한정하는 등 기존 교리에 대한 준수를 포기하는 모습을 보인다. 이들은 이스라엘의 팔레스타인 정책을 전면적으로 반대한다. 입교도 정통파에 비해 쉽고 특별한 절차 없이 바로 교인이 될 수 있다. 인종차별을 거의 하지 않는다. 그 좋은 예로 흑인 연예인으로 잘 알려진 Sammy Davis Jr가 있는데 그는 유대교로 개종하여 sensation을 일으킨 적이 있다.

개혁파 회당 가운데 세계 3대 회당 중의 하나인 Manhattan의 Central Synagogue의 Senior Rabbi인 Angela Buchdahl은 아버지가 유대인이고 어머니가 한국인으로 불교신자였다. Angela는 한국인의 혈통을 가지게 된 것을 자랑스럽게 생각하며 특히 김치를 좋아한다고 한다. Angela는 한국이 낳은 가장 유명한 성직자 중의 한 사람이고 《Time》 매거진은 Angela가 세계에서 가장 영향력이 있는 여성 중의 한 사람이라고 극찬했다.

유대인들의 금욕 생활

전에도 말한 바와 같이 유대인들에게는 지켜야 할 율법이 무려 613개나 있다. 극단 보수주의 유대인들 특히 Hasidic 유대인들은 가능한 한 많이 지키려고 노력하고 있다. 안식일에는 이날을 거룩하게 지내는 것은 말할 것도 없이 옷에 술을 달아야 한다는 규정이나 섬유 옷을 입어서는 안 된다든지 부부간에 성관계나 생리 후인 경우

에는 부정함으로 씻고 서로 떨어져 있어야 한다는 식의 예식들이 대
단히 많다.

성경을 필사하는 규정

　양피지를 만들기 위해서 건강한 양이나 소를 잡는다. 단 이때에 1
년 미만의 동물을 잡는 것은 금지되어 있으며 몸에 흠이 있는 동물
의 가죽 또한 양피지로 쓸 수 없다. 임신한 동물을 잡는 것도 금지
다. 1년 이상이되 몸에 흠이 없고 임신하지 않은 암컷이어야 한다.
이렇게 만들어진 양피지를 이어서 두루마리 성경을 만든다. 필기도
구로는 항상 갈대를 깎아서 만든 펜과 전통적인 방법 즉 녹슨 철가
루와 물고기로 만든 아교 등으로 만든 잉크를 써야 한다. 이것도 일
일이 Kosher 인증을 받은 재료로만 선택해야 한다. 성경을 필사할
때는 필사자 옆에 사람 두 명이 있어야 한다. 필사자가 구절을 쓸 때
마다 이를 읽어 주고 잘못 썼을 경우에는 바로 지적해 주어야 한다.
만약에 글씨를 잘못 썼을 경우에 칼로 긁어서 지우고 그 위에 다시
써도 상관없지만 여호와(YHWH)를 잘못 썼을 때는 해당 두루마리를

전부 버리고 새로 필사해야 한다.

이렇게 깨끗한 성경으로 인정받은 두루마리는 절대로 손으로 직접 만져서는 안 되고 은으로 만든 손 모양의 포인터를 짚어가면서 읽어야 한다. 만약에 비유대인이 두루마리를 맨손에 만지면 그 두루마리는 부정하게 된다.

YHWH(야훼)가 들어가는 글씨를 쓸 때는 YHWH를 쓰기 전에 잠시 손을 놓고 목욕을 해서 마음을 가지런히 하여 반드시 기존에 쓰면 펜을 버리고 새로운 펜으로 바꿔서(혹은 다른 성스러운 펜으로) 써야 한다. Adonai는 본래 하나님의 이름으로 자음인 YHWH에다 모음을 붙인 것으로 YHWH를 꺼려해서 그 대신 Adonai를 주로 불렀다. 레위기 24:16절에 "여호와의 이름을 모독하면 반드시 죽일지니라"라고 되어 있어서 스스로 자존하시는 하나님의 이름을 함부로 부르지도 않을 뿐 아니라 실제로 그 이름을 정확하게 부를 줄도 모른다. 출애굽기 20:7 절에도 "여호와의 이름을 망령되게 부르는 자는 죄 없다 아니하리라"라는 계명을 잘 준수하려고 노력하고 있다. 실제로 구약에 Adonai는 340번 정도 나타나고 있다. YHWH는 약 6,823번이나 자주 나타나 있다. 더 낡아서 못쓰게 된 성경은 그냥 폐기해서는 안 되며 '게니자'라는 창고에 보관한다. 비단 성경뿐만 아니라 '야훼'라는 구절이 포함된 모든 문서들을 함부로 버려서는 안 된다. 성경을 보관할 때는 두루마리를 끈으로 묶고 그 위에 천으로 만든 주머니를 씌우고 나무함에 담은 다음에 언약궤를 상징하는 관함 안에 두어야 한다. 음식 규정도 제약이 심하다. Kosher Food를 먹어야 한다는 것이다. 특히 극단주의 유대교는 돼지고기, 게, 왕게, 바닷가재 등은 손을 대지 않는다.

유대교의 의례: 기도의 예식

전통적인 유대인들은 날마다 아침, 점심, 저녁 등 세 번에 걸쳐 기도하는 시간을 보내면서 '쉐마'라든가 '아미다 기도문' 혹은 Torah나 예언서를 낭독한다. 아침기도는 주로 창조주 하나님에 대한 찬양과 예루살렘 성전 재건을 기원하는 목적으로 행해진다. 또한 출애굽 사건과 시내산 사건이 기록된 성서 낭송을 자주 읊기도 한다.

1) 쉐마

쉐마는 신명기 6:4-9절에 나오는 말씀으로 "너 이스라엘아, 우리의 하나님은 여호와(야훼: YHWH)이시다. 여호와는 오직 유일한 여호와 한 분이시다. 너희는 마음을 다하고 뜻을 다하고 힘을 다하여 네 하나님 여호와를 사랑하라"는 것으로 자녀의 가르침에 표준으로 삼을 뿐 아니라 어떤 환경에 있든지 이 쉐마를 매 순간 지키도록 명하고 있다. 또 이 쉐마를 손목에 매어 기호를 삼고 네 집 문설주와 바깥문에 기록하라고 되어 있어서 유대인은 그 누구나 문설주에 쉐마를 단 것을 볼 수 있다. 또 문설주에 단 쉐마는 모세의 10가지 재앙 중 장자를 죽이는 재앙에서 유대인들을 구하기 위해 문설주에 피를 바르는 습관으로도 사용되기도 한다. 쉐마는 유대인은 누구를 막론하고 매일 의무적으로 암송해야 하는 가장 기본적인 교육원리이기도 하다.

2) 아미다 기도문(Amidah Prayer)

아미다 기도문은 유대교에서 서 있는 자세로 낭송하는 아침, 오후, 저녁 기도의 주요 부분인데 기도문은 19개로 이루어져 있다. 그 중 아미다의 첫 번째 단락은 깊은 의미가 담겨 있다. 하나님과 우리와의 관계를 잘 보여주셔서 보호명상으로 훌륭하게 사용할 수 있는 구절이다. 그 내용은 다음과 같다.

Blessed are You. Adonai, Our God and God of our fathers,

God of Abraham, God of Isaac, God of Jacob, Great, mighty, and awesome God, Highest God, Doer of good kind deeds, Master of all, Who remembers the love of the Patriarchs and brings a redeemer to their children's children for His name sake, with love King, Helper, Rescuer, and Shield. Blessed are You, Adonai, Shield of Abraham.

그대, 축복 받으소서, Adonai, 우리의 하나님, 우리 조상의 하나님, 아브라함의 하나님, 이삭의 하나님, 야곱의 하나님, 거대하고, 강력하고 경외감을 주시는 하나님, 최고의 하나님, 선의 행위자, 선한 행동, 모든 만물의 주인, 이스라엘 조상의 사랑을 기억하시고 하나님의 이름을 위하여, 사랑으로, 왕, 조력자, 구원자, 보호자이십니다. 축복 받으소서, Adonai, 아브라함의 보호자.

아미다 기도문에서 첫 번째 단락은 예배자를 하나님에게 가까이 다가가도록 고안된 4개 단어로 끝이 난다. "왕, 조력자, 구원자, 보호자"이다. 여기에서 하나님과 개인적인 관계를 발전시킨다.

첫째로 하나님을 우리의 왕(Melekh)으로, 우리와 하나님과의 관계를 왕과 신하와의 관계로 보고 시작한다. 왕은 수도의 궁전 깊숙한 곳에 거주한다. 왕에게 무언가를 원한다면 공식적인 요구서를 보내야 하고 그것은 직원 대신 비서를 통하여 전달되고 몇 달 후에 답을 받을 수 있다. 그러므로 하나님을 왕으로 부를 때 위엄은 있으나 우리와 떨어져 있는 존재다. 도움은 가능하나 쉽게 이용할 수 있는 왕은 아니다.

둘째로 다음 단어에서 하나님을 조력자(Ozer)라 부른다. 이제 이 조력자는 왕보다 더 가까이 보게 된다. 조력자는 쉽게 접근할 수 있는 위치이다. 조력자는 우리가 늘 방문할 수 있는 친구와 같은 위치다. 그러므로 하나님을 조력자로 부를 때 우리가 언제든지 부를 수 있고 또 우리를 위하여 대기하고 있음을 실감한다. 이것은 왕보다는 훨씬 가까운 관계다. 이 단어를 말할 때 우리는 하나님에게 가까이 다가가기 시작한다.

셋째로 우리는 하나님을 구원자(Moshia)라고 부른다. 구원자는 조력자보다 훨씬 가까운 존재다. 구원자는 우리가 강에 빠져 죽어갈 때 우리를 구원할 수 있는 신이다. 그는 그 자리에서 바로 물에 뛰어들어 우리를 끄집어낸다. 우리는 하나님이 늘 우리 가까이에 있어서 긴급한 위험에 처해도 우리를 도울 준비가 되어 있음을 깨닫는다. 구원자 관계는 조력자 관계보다 훨씬 신에게 가깝다.

마지막으로 하나님을 보호자(Magen)로 부른다. 보호자는 구원자보다 더 가깝다. 보호자는 화살이 우리에게 날아오고 아무도 그것을 멈출 수 없는 상황에서도 우리를 도울 수 있다.

이처럼 네 단어 "왕, 조력자, 구원자, 보호자"에서 우리는 하나님에게 더욱 가까이 있음을 지각하게 된다. 우리는 첫째로 하나님을 자비로우나 멀리 떨어져 있는 왕으로 보고, 다음에는 기꺼이 도우려는 조력자 그리고 가까이 있는 구원자로, 마지막에는 함께하는 보호자로 본다. 이 네 단어에서 우리는 하나님을 떨어져 있는 하나님을 초월적인 힘으로 보는 것에서 공기보다 더 우리 가까이 있는 보호자로 보게 되는 변화를 가져온다.

안식일(sabbath)

안식일은 안식일 중의 안식일로 여겨지는 Yom Kippur를 제외하고는 유대교의 모든 축제일 가운데 가장 핵심적인 것으로 인식되고 있다. 이 안식일의 의미는 첫째 하나님의 창조를 기억하고, 둘째 출애굽 사건을 상기함으로써 인간 역사에 개입하는 구속자 하나님을 기억하자는 데 있다. 경건한 유대인들은 매주 금요일마다 해가 지자마자 가정에 모여 몸과 마음을 깨끗이 한 후 특별히 준비된 안식일 의상과 모자를 착용하고 가족들과 함께 촛불을 밝힌다.

가장은 손을 씻은 후 가족들에게 '할라(Challa bread)'라는 안식일 빵을 나누어 주어 '키두수(Kiddush)'라는 의식을 거행한다. Kiddush는 출애굽 사건을 기억하면서 안식일이나 축일이 시작될 때 포도주 잔으로 축하하는 의식을 말한다. 안식일이 시작된 다음날 토요일 오전에는 가족들이 함께 회당 예배에 참석한 후 오후에는 집에 돌아와 토라에 대해 읽고 연구하며 토론하는 시간을 보낸다. 일몰이 가까워 오면 안식일을 마감하는 의식인 '하브달라(Havdala)'를 거행한다. 이 예식은 기원전 4~5세기경에 산헤드린 공회 회원들에게서 유래된 것으로 전해진다. 하브달라 행사는 토요일에 해가 지고 20분쯤 지났을 때, 전통적으로는 하늘의 별이 세 개 떴을 때 하는 행사이다. 전통적인 유대인들은 이런 안식일에 전화를 받거나 자동차를 타는 일조차 삼갈 정도로 철저히 율법을 지키고 있다.

새해 축제와 계절 축제

레위기 23장에는 유대인들에게 주어진 일곱 명절이 기록되어 있다. 이는 하나님께서 직접 모세를 통하여 유대인들에게 이 명절들을 지켜 행하라고 지시한 것이다. 그것들은 1) 유월절 2) 무교절 3) 초실절 4) 오순절 5) 나팔절 6) 속죄일 7) 초막절이다.

1) 유월절

이집트 탈출을 기념하는 축제이다. 파스카(Pascha) 즉 유월절이라고 불리는 이 축제는 출애굽기 12장을 근거로 한다. 유대교의 대표적인 명절로써 이집트에 내려진 10대 재앙 중에서 마지막 재앙인 "장자들의 죽음"으로부터 넘어갔다는 것을 지칭하며 하나님으로부터 재앙에서 구원받았다는 의미를 담고 있다. 그 예식으로는 먼저 흠 없는 수컷 양을 잡아 그 피를 문설주와 안방에 바른 뒤 그 양을 살과 내장을 모두 굽고 무교병과 쓴 나물을 곁들어 먹는다. 이때 마치 바로 이집트를 떠날 준비를 하듯 신을 신고 허리띠를 두른 뒤 지팡이를 짚고 식사를 하며 식사 후 아침이 될 때까지 집 밖으로 나갈 수 없다.

2) 무교절

　유월절이 끝난 후 15일부터 7일 동안 무교절로 지내며 첫날과 일곱째 날에 성회를 갖는다. 사실은 유월절과 무교절은 같이 지내는 것이 원칙이다. 무교병을 먹으면서 노예생활에 대한 기억이며 죄악으로부터 정결케 된다는 것을 의미한다. 실제로 무교병을 만들기 위해서 유월절 전부터 준비해야 하므로 점차 하나의 절기로 여겨졌다. 출애굽 사건을 기억하면서 문설주에 피를 바르고 누룩 없이 만든 무교병을 쓴 나물과 함께 나누어 먹으면서 지내는 축제이다.

3) 초실절

　유월절 만찬을 먹은 뒤 찾아오는 첫 번째 안식일을 지키고 바로 다음날 새벽에 이스라엘 전체를 대표하여 처음 익은 곡식을 베어 성전에서 초실절 제사를 드린다. 초실절 제물에는 항상 보리를 사용했는데 그 이유는 보리가 밀보다 20~30일 먼저 생산되기 때문이고 초실이라는 뜻은 제일 처음 거두는 열매라는 뜻이다. 초실절과 맥추절은 같은 이름인데 초실절이 종교적 이름이라면 맥추절은 농사적 이름을 말한다.

4) 오순절

초실절부터 시작해서 50일째 되는 날을 말하는데 때로는 칠칠절 또는 맥추절이라고도 한다. 이 기간 동안 유대인들은 수확을 거둘 수 있게 하신 하나님께 기쁨과 감사를 표하는 뜻으로 누룩을 넣은 두 개의 유교병 빵을 만들어 구별하여 하나님 앞에 바치고 성회를 공포하여 온 백성이 예루살렘에 함께 모여 축제를 가졌으며 이날 하루는 모든 노동을 금했다. 오순절은 곡식에 낫을 대는 첫날로부터 7주 후라는 뜻에서 칠칠절 혹은 곡식 거두는 때이기 때문에 맥추절이라는 이름이 붙여졌다.

5) 나팔절

히브리력 7월 1일에 새해를 기념하는 대축제이다. 히브리어로 '로쉬 하샤나(Roshu Hashanah)'라고 하는데 레위기 23:24절에 근거하고 있다. "이스라엘 자손에게 말하여 이르라. 일곱째 달 곧 그달 첫째 날을 안식일로 삼을지니 이날은 나팔을 불어 기념할 날이오 거룩한 집회라." 대부분 유대인 달력에는 'Roshu Hashanah begins of Sun down'라고 기록되어 있다. 이날 새해를 맞이하는 축제는 회당은 물론이며 각 가정에서도 지내며 일 년 동안의 감사를 하나님께 드린다. 이날을 특히 나팔절이라고 하는데 그 이유는 민수기 10장에 근거한다. 이스라엘 사람들이 광야 40년의 생활을 하면서 진영이 이동할 때, 원수들과 싸울 때 경고의 나팔을 불었다. "그 나팔 소리를 낼지니 주 너희 하나님 이 너희를 기억하고 너희 원수들에게서 너희를 구하리라(민 10:9)."

그러므로 이날을 기념하기 위해 나팔을 부는데 나팔을 100번 불게 되어 있다. 사실은 이날은 유대인의 역사와 기독교의 역사와도 밀접한 관계가 있다. 사실상 유대인들에게 이 나팔절은 진행 중이다. 주후 70년에 로마에 의해서 예루살렘이 함락된 후 약 1900년간 이스라엘 민족들은 영토와 주권을 상실하고 세계 도처에 흩어져 diaspora의 삶을 살다가 1947년 그들의 옛 땅인 팔레스타인 땅에 '이스라엘'이라는 국가 명으로 독립을 하였다. 이는 하나님의 특별한 섭리로 이스라엘 민족들의 재집결을 의미하는 것이다. 즉 하나님의 나팔 소리를 듣고 이스라엘 민족들은 세계 도시에서 속속 팔레스타인 땅으로 집결할 것이다. 그런 다음 이스라엘을 영원히 다스리는 메시아가 온다는 것이다. 이것은 이스라엘 사람들이 고대하던 메시아의 초림이 되는 것이다.

한편 기독교인들에게 나팔절은 아직도 미래에 속한 약속이다. 이는 "주께서 호령과 천사장의 음성과 하나님의 나팔 소리와 함께 친히 하늘로부터 내려오실 것이니 그리스도 안에서 죽은 자들이 먼저 일어나고 그 뒤에 살아서 남아 있는 우리도 그들과 함께 구름들 속으로 올라가 주님을 만나게 되리라(살전 4:16-17).” 이렇게 주님이 다시 오시게 되는데 이것은 그리스도인들에게는 메시아의 재림이 되는 것이다. 다시 말해서 유대인들에게는 초림이, 그리스도인들에게는 재림이 된다. 결국 유대인들이나 그리스도인들이 다 같이 만주의 주, 만왕의 왕인 메시아를 같이 만나게 되는 것이다.

6) 속죄일

속죄일은 레위기 23:27-29에 근거한다. 속죄 의식은 레위기 16장에 기록되어 있는데 속죄일은 유대인의 모든 절기 가운데 가장 엄숙한 절기이다. 대부분의 유대인들은 회당에 참여하여 속죄와 회개 의식을 행함으로 하루 종일 보낸다. 금식에 참여한 유대인들은 25시간 음식과 물을 먹고 마시지 않는다. 2015년의 통계에 의하면 이스라엘 전 국민의 약 60%가 금식에 동참하였다고 기록되어 있다. 얼마나 엄숙한가 하면 유대인들이 공공장소에서 음식을 먹는 것과 차를 운행하는 것은 유대인들의 분노를 일으킨다.

7) 초막절

장막절 축제나 수장절 축제로도 알려져 있다. 레위기 23:39절에는 "여호와의 절기"라고 불린다. 이 행사에 관한 지시 사항은 레위기 23:34-43절과 민수기 29:12-38 그리고 신명기 16:13-15절에 나온다. 초막절 축제는 사실상 이스라엘의 농사 연도의 주요 부분의 끝을 장식한다. 유대인들의 모든 농작물의 열매를 통해서 여호와께서 베푸신 모든 축복에 대해 기뻐하고 감사할 때이다. 또한 속죄일 닷새 전에 지켰으므로 백성은 여호와와 화목하다는 느낌을 가지고 있었을 것이다. 참석할 의무는 남자들에게만 있지만 온가족이 참석한다. 그들은 칠일간의 축제 동안 초막에서 지낼 것이 요구되었다. 일반적으로 한 가족이 하나의 초막에서 지냈다(레 23:42). 집 뜰, 가옥의 지붕, 성전 뜰, 광장 및 그 도시에서 안식일 여행 거리 이내에 있는 길에 그런 초막을 세웠다.

이 축제 기간에는 연중 어느 축제보다 더 많은 희생 제물을 바쳤다. 국가적으로 바치는 희생 제물로써 첫날에 수컷 소 13마리로 시작하여 날마다 한 마리씩 줄여서 도합 70마리의 양과 염소, 곡식 제물과 포도 제물을 바쳤다. 이스라엘은 한 주일 동안 초막에서 지내라는 명령을 받았다. "이는 내가 이스라엘 자손을 이집트 땅에서 데리고 나 올 때에 그들을 초막에서 살게 한 것을 너희 대대로 알게 하려는 것이다. 나는 너희 하나님 여호와이다(레 23:42-43)." 그들은 여호와 하나님이 광야에서 그들에게 피신처를 제공하고 보살펴 주신 일을 기쁨과 감사하는 마음으로 추억하라는 명령을 지킨 것이다.

그 외 축제로 바빌로니아 하만에 맞서 싸운 것을 기념하는 부림 (Purim)절과 기원전 164년경 유다 마카비오가 로마인들에게서 더럽혀진 예루살렘 성전을 이스라엘의 하나님 여호와에게 다시 봉헌한다는 하누카(Hanukkah)가 있다.

3. 메시아에 대한 개념

유대교는 메시아라고 하는 구세주 사상을 가지고 있다. 메시아는 기름을 군주의 머리 위에 붓는 유대 전통에서 비롯된 '기름 부음 받은 자(Anointed One)'라는 뜻이며 원래는 기름 부음 받은 모든 군주를 말했지만 바빌론 포로 이후로는 미래에 나타나 이스라엘 사람들을 적으로부터 구원하여 황금시대(메시아 시대)를 열 특별한 통치자를 의미하게 된다. 메시아가 다스리는 유대 민족 사상은 지상에 인류애와 영광이 가득하여 전쟁이 사라지고 항구적인 평화가 도래한다고 믿는다. 그리고 유대교는 아직 메시아가 도래하지 않았다고 본다. 그래서 예수 당시 유대교의 높으신 분들은 예수를 하나님의 아들을 사칭한 거짓 예언자로 보았기에 예수가 로마에 의해 공개 처형

당하는 데 열광적으로 찬성하였다고 본다.

사실 예수가 살았던 시대에는(로마제국 지배 하의 팔레스타인) 자신이 메시아라고 주장하는 사람들이 넘치도록 많았다. 복음서에도 예수를 죽이라고 외치는 군중들은 사실 제사장들이 예수를 모르는 사람들에게 돈을 주고 데려왔다는 이야기가 나온다. 이 때문에 예수가 거짓 예언자라는 주장은 기독교와 유대교가 분열되고 사이가 벌어지면서 나온 이야기로 추정되며, 이 주장 때문에 유대인들은 중세시대 내내 교회 중심 사회에서 박해 당했다. 참고로 극단적인 유대교인들은 메시아가 도래하지 않았는데 이스라엘 국가가 다시 재건됨은 신의 뜻에 어긋난다고 생각해서 현대의 이스라엘을 인정하지 않는다.

메시아의 도래의 모습은 다음과 같다. 이 메시아는 하늘에서 구름을 타고 천사들의 호응을 받으며 이스라엘뿐 아니라 세계를 다스리는 메시아로 나타나게 되는데 아마도 예수 그리스도의 재림이 유대인들에게는 메시아의 초림이 되지 않을까 하고 일부 유대교 학자와 신학자들은 주장하고 있다.

* 예수를 유대인의 정치적 메시아로 보는 유대교파
예수 그리스도를 메시아로 보는 유대교도 있다. 그러나 다른 점은

그 메시아를 삼위일체의 메시아로 보지 않는다는 점이다. 그리고 이 예수 그리스도가 만민을 포괄해서 구원주로서 하나님의 선민국가인 이스라엘에 재림한다는 것이다. 물론 장차 올 이 메시아는 온 민족을 구원할 뿐 아니라 이스라엘의 영원한 구세주여 왕으로 오신다는 사상이다. 이 종파는 기독교 교회를 선민의 연장선상에 있는 것으로 본다. 더욱 직설적으로 설명한다면 유대인 스스로 말아먹은 모세율법을 기독교회가 수습할 수 있다고 본다. 이 종파는 유대교 바리새파가 제사장직을 남용했을 뿐 아니라 메시아인 예수를 십자가에 못 박은 죄를 회개하고 이방인들에게 나아가 선민이었던 유대인으로써 이방인들을 이끌고 그들과 함께 이스라엘을 다시 세워야 한다는 것이다. 옛날 이스라엘 왕국처럼 세상에 물리적으로 존재하는 하나님의 나라를 다시 세울 수 있도록 하기 위해서 유대인들은 파기당한 선민 자격을 회복하고 이방인들은 유대인들과 함께 이스라엘 백성=선민이 되자는 개념이다.

4. 랍비(Rabbi)의 개념

유대교에서 '랍비'는 쉽게 말해서 선생이라는 뜻이다. 예수께서도 사역 당시 존경받는 랍비의 존칭을 얻었다(요 1:38). 다시 말해서 랍비는 유대교에서 정통적으로 현명한 어른신이라고 이해하면 별 오해가 없다. 유대교는 자손을 남기는 것을 중요시하기 때문에 랍비는 결혼을 해야 제대로 대접을 받았다. 흔히 랍비가 유대교의 유일한 성직자로 생각되었지만 그것은 랍비를 잘못 이해하는 것이다.

원래 유대교에서는 제사장이 주로 성직자의 역할을 하였지만 때로는 선지자 또는 예언자가 제사장을 대신해서 하나님의 뜻을 전하고 기도했다. 유대교의 모든 제사는 제사장 중심으로 성전에서 바쳐야 하는 데 주후 70년 예루살렘 성전이 파괴되면서 성전에서 더 이상 제사를 드릴 수 없게 되면서 기존의 성전 중심의 제사는 사라지게 되었다. 성전이 파괴됨과 동시에 제사장과 성직자단이 해체되었고 점차로 존경받는 랍비는 어른으로 모든 일에 관여할 수 있었다. 그 후 랍비가 중심이 되어 회당에서 Torah 공부를 하기 시작하였고 랍비 유대교로 바뀌어서 현재까지 이르렀다. 후에 가서는 랍비들의 권위도 성직자들의 지위를 흡수하고 유대인들의 종교적·사회적 지도자의 위치로 부상하면서 그들의 영향이 엄청나게 신장되었으며 점차로 랍비 유대교가 자리를 잡게 되었다. 현재 성전 중심의 정통파 유대교를 제외하고는 기타 다른 유대교로 알려진 보수파, 개혁파 극단주의 유대교에서는 랍비 유대교를 지키며 여자도 랍비로 선출되어 회당에서 봉사할 수 있게 되었다.

5. 세계에 흩어져 있는 유대교

　복잡한 역사적 이유로 인해 유대인들에게 있어서 유대교는 종교라기보다는 사실상 그들의 전통이요 생활방식이다. 유대교 특유의 교리를 보면 유대인의 민족 전통에 따른 생활과 직접관계가 있다. 유대인의 민족 특성 때문에 유대인 외의 신자는 거의 없어 종교적인 의미에서 세계적인 영향은 별로 크지 않다.

　이 종교를 믿는 유대인은 현재 약 1,500만도 안 되지만 노벨상은 거의 유대인들이 독점하고 있으며 더 나아가 교육적인 면에서 보더라도 유대인 교수들이 하버드 대학 교수의 30% 이상을 차지하고 또한 미국 인구의 2%도 안 되는 유대인 인구에도 불구하고 미국 경제의 20%를 차지하며 세계 최고의 증권회사인 Goldman Sachs 증권회사를 비롯하여 대다수가 자본가와 기업가 등 초부유 엘리트들로서 세계 경제를 뒤흔들 정도로 영향력이 대단하다. 미국 정계에서도 역대 최고의 국무장관으로 알려진 Henry Kissinger와 현 민주당 상원 원내총무로 민주당 최고 지도자로 활약을 하고 있는 Chuck Schumer 의원이 있다. 전 미국 재무장관으로 미국과 세계경제를 휘두르는 Steven Mnuchin도 유대인이다.

또 세계 4대 종교(유대교, 기독교, 이슬람교, 불교) 중에서 2개 종교가 이 종교에서 갈라져 나왔으며 민족종교 중에서 유대교는 세계적으로 가장 독특한 종교로 알려져 있다. 2천여 년 동안을 나라 없는 민족으로 여러 나라에 흩어져 박해만 받으며 떠돌아다녔는데도 유대인들은 사라지지 않고 계속 정체성을 가질 수 있었던 것은 이 유대교(굉장히 끈끈한 민족주의) 덕택이다. 그렇다 보니 서로 간에 신뢰가 굉장히 강한 편이라 똑같은 사업을 투자받는데 유대인이 따낼 확률은 98%이고 아시아인(한국인 포함)은 1.5% 이하라는 통계가 미국 경제전문지 《Forbes》에 발표되어 있다.

물론 유대인들이 현대 이스라엘 국가를 세운 것은 정상적인 방법이 아니라 1947년에 팔레스타인 영토를 강제로 빼앗은 것이다. 이스라엘이 그렇게 많은 전쟁범죄를 일으키고도 살아남은 것도 유대인들의 힘 때문이며 그것이 국가 기강을 확립해 나가는 데도 큰 도움을 주었다.

현재 극히 소수이긴 하지만 인도에도 유대교가 포교되었다. 특히 인도는 유대교를 대단히 환영하는 국가로 알려져 있고 그 외에도 이란, 중앙아시아, 동남아시아 등 사실 유대인이 전 세계 각지로 퍼져 살고 있다. 특히 독일에서 나치 히틀러에 항거하다가 유대인 600만이 학살된 것은 그 민족을 더욱 공고하게 만드는 원인이 되기도 했다. 그리고 동부 유럽에서의 유대인들의 활약은 대단하였고 러시아 유대인들의 생존경쟁의 정신은 세계적이라는 것은 잘 알려져 있는 사실이다. 최근 남아프리카와 에티오피아에 유대교 신자들이 많이 생겼다는 것도 특기할 만한 것이고 현재 중국 하남성과 산동성에 유대인들의 후예가 살고 있다고 한다. 이것은 몽고가 중국을 통치할 때 중동에서 특히 유대인들을 초청하여 각 지방에 거주시키면서 당시 중국 사람들을 문명화 시키는 데 큰 도움을 받게 했다. 특히 어떤 유대인들은 중국성의 성주로 활약했다는 기록도 중국 역사에 나온다.

이스라엘의 장례 문화

장례 문화는 나라와 민족에 따라 지역과 기후에 따라서도 큰 차이가 있다. 그러나 어느 민족이든 죽은 자에 대한 예의를 갖추는 것은 비슷하다. 성경에 기록된 유대인의 장례문화는 구약 시대부터 지금까지 별 차이가 없다. 유대 관습에 의하면 죽은 사람의 직계가족은 장례식에 반드시 참석해야 한다는 관습이 남아 있다. 여기서 말하는 직계가족은 아버지, 아들, 딸, 양자 또는 양녀를 포함해서 아내와 남편을 가리킨다.

유대교 장례 전통에 의하면 사람의 죽음이 확실하면 확인된 순간 장례는 즉시 이루어져야 한다. 장례를 치를 준비가 되어 있으면 당일에 시신을 매장하는 것이 원칙으로 되어 있다. 그러나 어떤 경우에도 사망한 지 이틀을 넘겨서는 안 된다. 성경에도 시신을 즉시 무덤으로 가져갔던 몇 차례의 예를 볼 수 있다. 십자가에 달려 죽으신 예수님의 경우 죽음이 확인된 순간 장례는 즉시 이루어졌다. "아리마대 부자 요셉이라는 사람이 빌라도에게 가서 예수의 시체를 달라 하니 이에 빌라도가 내주라 명령하거늘 요셉이 시체를 가져다가 깨끗한 세마포로 싸서 바위 속의 새 무덤에 넣어 두고 큰 돌로 굴려 무덤에 놓고 가니라(마 27:57-60)."라고 기록되어 있다.

지금도 유대인들의 대부분은 죽은 자의 육체가 다시 살아난다는 육체의 부활을 믿지 않는다. 이점은 바울이 고린도전서 15장에서 설명한 그리스도인의 육체 부활과는 아주 다르다. 예수님 당시에도 바리새파들은 부활을 간접적으로 믿었으나 사두개파들은 전혀 믿지 않았다. 유대인들이 생각하기를 흙에서 온 영혼이 떠난 육체는 보존될 것이 아니라 땅으로 돌아가 부패하되 영혼은 하나님께로 올라간다고 믿기 때문에 육체를 썩기 전에 파묻어야 한다는 것이다.

유대인들은 육체와 영혼을 구별하여 죽은 육체는 중요시 여기지 않는다. 그러므로 유대인들이 믿는 관습 중에 자손의 3세대 내지 4세대가 축복을 받을 것이라는 개념은 현재 생활 속에서 하나님께 충성할 때 장차 자손들에게 축복이 내려진다는 것으로 유교의 개념과도 비슷하다. 그들에게는 육체가 부활해서 가는 내세가 없으므로 현실에 충실하려고 노력한다. 유대인의 장례는 최대한 간소하게 진행된다. 장례식에 일반적으로 꽃도 준비하지 않으며 시신을 담은 관 역시 썩어 없어지기 때문에 반드시 나무로 만든 것만 쓴다.

1) 애도의 기간

슬픔에 잠긴 유족은 죽음과 함께 애도를 시작하여 7일간 계속한다. 이 7일 기간의 애도 기간을 쉬브아(Shib'a)라고 부른다. 이 7일간의 애도 기간 동안에 금지되는 사항들이 몇 가지 있다. 가죽으로 된 신발을 신어서는 안 되며 향수를 뿌려서도 안 되며 머리를 다듬어도 안 되며 shower도 금지하고 집의 모든 거울을 7일간 천으로 가려두어야 한다. 쉬브아 기간에 가족과 친지는 종교적 신념과 상관없이 애도하기 적당한 장소에 모인다. 이때 유족과 가족들은 음식을 가져와 서로 나눈다. 쉬브아 때에 나눌 수 있는 음식은 자르지 않은 과일과 Kosher 음식으로 가게에서 구입한 빵 종류이다. 장례식 이후에 처음 먹는 음식은 삶은 계란과 둥근 모양의 음식이다. 그 이유는 인

생은 둥글다는 것을 의미하기 때문이다. 애도의 7일을 보낸 후 30일 간 직계가족은 결혼식, 성년식(bar mitzvah) 그리고 음악이 있는 모임에 참석하지 않는다. 특히 아들과 딸들은 12달 동안 그런 모임에 참석하지 않는다. 남자들은 수염을 자르지도 않고 심지어 이발도 하지 않는다.

　2) 장례에 관한 예식

　랍비 또는 장례식을 진행하는 사람이 직계가족의 블라우스나 셔츠를 찢는다. 옷을 찢는 의식을 크리아(Kria)라고 부른다. 어머니, 아버지를 잃은 직계가족의 셔츠는 셔츠의 왼쪽을 찢는다. 그 외 다른 사람의 셔츠는 오른쪽 부분을 찢으므로 죽은 자의 슬픔을 표현한다. 장례 의식은 카디쉬(kaddish)라는 특별한 기도를 암송하는 것으로 시작된다. 이 기도는 죽은 자를 위하여 11개월, 살아 있는 가족을 위하여 30일간 암송한다. 만약 죽은 자에게 아들이 없다면 가족은 죽은 자를 위해서 카디쉬를 읽어 줄 사람을 찾아 부탁해야 한다. 카디쉬는 죽은 자의 영혼을 위한 기도의식이다.

　3) 매장의 방법

　유대인의 시신은 유대인의 묘지에 매장되어야 한다. 특별한 경우

즉 유대교를 떠난 사람이나 자살한 사람의 경우는 묘지의 구별된 장소에 매장된다. 화장은 유대법으로 금지되어 있다. 왜냐하면 육체는 하나님으로부터 온 선물로써, 잘 관리했다가 최상의 상태로 하나님께 돌려드려야 한다고 믿기 때문이다. 시신을 해부하거나 장기를 기증하는 것도 유대법에서는 허용하지 않는다. 만약 시신을 해부하거나 기증한 시신이라면 반드시 랍비는 그런 자의 장례에 대하여 상담을 해야 한다. 그러나 죽은 자가 살았을 때 장기를 기증했다면 시신 해부는 가능하다고 말한다. 유대법에서는 시신을 방부 처리하는 것도 허용하지 않는다. 시신을 방부 처리하면 먼저 시신에서 피를 모두 뽑아낸 후에 화학물질을 주입해야 되는데 이 일은 하나님을 모독하는 행위로 이해하기 때문이다.

4) 무덤에 대한 이해

무덤을 방문하는 관습은 기독교와 약간 차이가 있다. 이스라엘에서는 7일이 끝나는 날에 무덤을 방문하지만 그 외 지역의 유대인들은 30일이 끝나는 날에 무덤을 찾는다. 무덤을 방문할 때에 방문객은 꽃을 가져온다. 그 외에 허용되는 것은 돌멩이를 무덤에 올려 두는 관습이 있다. 무덤에 작은 돌멩이를 올려 두는 것은 죽은 자에 대한 존경을 표시하는 방법이라 믿는다. 죽은 자에 대해 비석을 세우는 것도 차이가 있다. 이스라엘에서는 30일 후에 비석을 세우지만 그 외 지역에서는 매장한지 11개월이 되는 때에 한다. 비석에 기록되는 내용은 아버지의 이름과 함께 죽은 자의 이름을 영어와 히브리어로 기록하는 것이 일반적이다. 어떤 사람은 태어난 날짜와 죽은 날짜를 비석에 기록하기도 한다. 간혹 비석에 두 손 또는 정결을 위한 그릇 모양을 새긴 것도 있는데 이것은 죽은 사람이 랍비이었음을 나타내는 것이다.

제2장

기독교(Christianity)

제2장 기독교(Christianity, 각 종파를 포함)

　주후 1세기에 기독교가 시작되고 그 후에 기독교는 주후 313년 로마의 콘스탄티누스 대제에 의해서 공인되고 다시 324년 수도를 로마에서 콘스탄티노플(현 이스탄불)로 옮기면서 기독교는 서방교회西方敎會와 동방교회東方敎會로 나눠지게 되었다. 그러나 그 후에 기독교는 1517년 종교개혁 시대에 들어오면서 점차로 5대 종파로 나누어졌는데, 1. 가톨릭(Catholic), 2. 성공회(Episcopal or Anglican), 3. 개신교(Protestant), 4. 그리스정교회(Greek Orthodox) 그리고 5. 러시아정교회(Russian Orthodox) 등이다. 이 5대 기독교 종파는 인종적 그리고 문화적 배경이 아주 다르다. 가톨릭이 로마를 중심으로 세워졌다면 성공회는 Anglo-Saxon족의 산물이며 개신교는 독일과 프랑스를 기점으로 하고 그리스정교회는 비잔티움(콘스탄티노플)과 그리스를 중심으로 그리고 러시아정교회는 Slavs(Slavic people) 민족의 산물이라고 해도 과언이 아니다.

　가톨릭을 포함한 5대 기독교 종파는 유대교의 하나님인 여호와 하나님을 유일신으로 믿고 또한 예수가 인류를 구원하기 위해 온 메시아(그리스도)임을 믿을 뿐 아니라 그의 가르침을 따르는 아브라함 계통의 종교이다. 유럽, 아메리카, 오세아니아, 사하라 아프리카, 필리핀, 동티모르에 주로 분포하고 레바논은 이슬람 국가이지만 인구의 약 15%를 차지하며 그 밖의 세계 대부분의 국가에서도 기독교는 날로 발전하고 있다.

　기독교는 현재 세계에서 가장 많은 사람이 믿는 종교다. 최소 26억 명 이상의 신자가 있는 것으로 집계되며 2위인 이슬람교(약 19억 명)보다 약 7억 명 이상 더 많다. 이슬람교, 힌두교, 불교와 더불어 세계 4대 종교로 꼽히며, 서양에서 유래하지 않았음에도 불구하고 오늘날 서양 문화권을 대표하는 종교이다 보니 서양을 중심으로 인류의 사회 및 문화에 가장 큰 영향력을 끼친 종교로 평가받는다. 가령, 21세기 현재 전 세계에서 보편적으로 통용되는 역법인 서력기원 자체가 예수 그리스도의 생일을 기준으로 하여 기독교가 다수의 사람들의 생활양식에 영향을 미친 점에는 부인할 수 없는 것이다.

　기독교의 경전은 성경으로, 크게 신약과 구약으로 분류된다. 구약성경은 유대교에서부터 비롯된 경전으로 구약이라 부르고, 신약성경은 예수의 유지를 받들어 제작된 경전이라 신약이라 부른다. 구약의 범위에 대해서는 교파마다 이견이 있지만 4세기 카르타고 공의회에서 정경으로 인정된 27권의 신약성경만큼은 대체로 이견이 없는 편이다.

기독교는 유대교에서 따르는 야훼의 계시의 전통과 역사성을 표방하였다. 때문에 학술적으로 유대교와 나중에 발생한 이슬람까지 포함한 세 종교를 아브라함 계통의 종교라고 표현한다.

유대교와의 차이는 크게 다음과 같다. 기독교는 성부뿐 아니라 성자도 하나님으로 보고 신약성경을 정경으로 인정하지만, 유대교는 극소수 분파인 메시아 주의 유대교를 제외하면 예수를 신(혹은 메시아)으로 인정하지 않으며 오히려 예수를 사이비 교주 정도로 치부하는 것에 가깝다. 따라서 기독교의 구약성경에 해당하는 타나크, 즉 히브리 성경의 가치만을 인정하며 당연히 예수와 예수의 제자들의 행적을 기록한 신약성경은 인정하지 않는다.

이슬람에서도 예수를 다루지만 예수를 신이 아니라 신에 의해 세상에 파견된 예언자 중의 하나로 보며, 그러한 예언자 중에서도 최후의 예언자인 무함마드를 더 중요시한다. 물론 예수도 매우 급이 높고 존귀한 예언자로서 칭송하지만 알라(하나님)와 동급으로 보지는 않는다는 것이 기독교와의 차이점이다.

유대교, 이슬람교와 달리 기독교에서는 성자 예수 그리스도를 성부, 성령과 동일한 본성을 지닌 유일신으로 본다. 이를 삼위일체론이라 한다. 이는 초대교회에서 정립된 기독교 신앙의 핵심으로서 이에 이견을 제기하는 교파가 소수 있기는 하지만 주류 종파라면 공통적으로 삼위일체를 믿는다. 또 신을 두렵고 엄격하고 경외스러운 존재로 묘사하는 두 종교와 달리 신을 좀 더 친근하고 따뜻한 부모 같은 존재로 묘사한다.

기독교, 유대교, 그리고 이슬람은 종교학적으로 아브라함 계통의 종교로서 같은 신을 믿는 일신교라는 공통점이 있다고 평가되지만, 많은 부분에서 차이를 보이므로 서로 간에 사이도 그다지 좋지 않고 현대까지 끝없이 경쟁하는 관계이다.

가톨릭교회

가톨릭교회(Catholic Church: 천주교)는 교인 수로 보면 명실상부한 기독교 최대의 종파다. 다만 현대의 세속화로 인해, 스칸디나비아 등 이들 지역에서는 기독교 문화가 우리나라 유교같이 문화나 관습, 연례행사 등으로만 자리 잡혔을 뿐이다. 가톨릭은 또한 스페인과 포르투갈 등의 남부 유럽과 남아메리카에서도 선교에 있어서 침체 상태에 빠져 있어 형식상 존재하고 특히 남미에서는 그들의 토속신과의 혼합된 종교로 바뀌어 21세기 후반에 들어서는 개신교의 복음주의(Evangelical)의 활발한 선교 모습이 눈에 뜨인다.

본래 초대교회 시대 때는 Catholic이란 말은 '보편'이라는 뜻을 가지고 있었다. 그러나 콘스탄티누스 대제 때에 기독교가 공인되고 그 후 콘스탄티누스 대제가 수도를 로마에서 콘스탄티노플(지금 이스탄불)로 옮기면서 로마는 로마 총대주교에게 전권을 주었다. 로마 총대주교는 교황의 명칭을 얻어 로마교회의 수장이 되면서 이름도 자연적으로 Catholic을 사용하게 되었다. 가톨릭(Catholic)은 로마의 주교이자 바티칸 시국의 국가원수인 교황敎皇을 주교단의 단장으로 하는 그리스도교 종파이며, 성좌와 일치하는 교회를 통틀어 가리키는 종교이다. 그리고 정교회와 함께 기독교 역사상 가장 오래된 종파이다.

'가톨릭교회'라고 불리지만, 교황좌가 있는 로마를 중심으로 하기 때문에, '로마가톨릭교회'라 불리기도 한다. 일부 가톨릭 신학자들에 의하면 가톨릭의 기원은 기원후 1세기에 예수가 세운 그 반석 위의 교회라고 주장한다. 초대 교황은 성 베드로라고 공언한다. 그러나 실제로 가톨릭교회는 로마제국의 박해를 받다가 313년 밀라노 칙령으로 로마 조정으로부터 신앙의 자유를 인정받으며 박해의 시대가 끝났고, 391년 데살로니까 회의에서 로마의 국교國敎가 된 후 유럽 각지에 널리 전파되었다. 초기 교부들을 통한 그리스도교 교리는 지금까지 서양의 정신세계에 지대한 영향을 미쳤다. 그러나 제국 분열 후 로마와 콘스탄티노플을 중심으로 한 교구 간의 오랜 갈등은 1054년 동서 교회의 분리를 가져왔으며, 교회는 가톨릭과 정교회로 나뉘어 서로를 파문하는 등 대립하였다. 근대에는 지속적인 교회 일치 운동을 통해 양 교회 간의 화해 노력이 꾸준히 이루어졌으나 이는 분열의 종결과 완전한 재통합을 의미하는 것은 아니다. 단지 양

교회의 화해 자체는 정치·사회·문화·종교사에서 큰 의의를 가지는 것으로 평가받고 있다.

가톨릭이라는 말에는 '전체성' 또는 '온전성', '보편성'이라는 뜻이 내포되어 있다고 가톨릭교회는 강조하고 있다. 즉 가톨릭은 어느 종파를 막론하고 다 포용하고 있다고 말한다. 교회는 그 안에 그리스도께서 현존하시므로 보편되어 있다. "예수 그리스도께서 계시는 곳에 가톨릭교회가 있으며 교회 안에는 머리와 결합된 그리스도의 몸이 완전하게 존재"하고 이는 교회가 그리스도께서 원하시는 "구원의 완전하고 충만한 방법"을 받는다는 의미를 내포한다. 그 방법들은 올바르고 완전한 신앙고백, 온전한 신앙생활 그리고 사도적 계승을 통하여 가능하다고 본다. 본질적으로 교회는 성령 강림 날부터 보편된 것(가톨릭)이었으며, 그리스도 재림의 날까지 항상 보편될 것이라고 가톨릭교회는 강조한다. 그리고 교회가 보편화된 또 하나의 이유는 그리스도께서 교회를 전 인류에게 파견하셨기 때문이라고 주장한다.

모든 사람은 하나님의 새로운 백성을 이루도록 불린다. 그러므로 언제나 하나이고 유일한 이 백성은 모든 세대를 통하여 온 세상에 퍼져 나가, 처음에 인간 본성을 하나로 만드시고 흩어진 자녀들을 마침내 하나로 모으고자 하신 하나님 뜻의 계획을 성취해야 한다.

하나님의 백성을 돋보이게 꾸며 주는 이 보편성은 바로 주님의 선물이다. 이로써 가톨릭교회는 온 인류가 그리스도를 머리로 하여 그분 성령의 일치 안에서 하나가 되게 하려고 힘껏 끊임없이 노력하고 있다고 강조한다.

가톨릭교회의 교리서는 하나이고 거룩하고 보편되며 사도로부터 이어 오는 교회를 믿는다고 말한다. 여기서 말하는 '보편'은 모든 지역 교회들의 합체나 여론의 총체나 세계 등 산술적인 합계 개념이 아니다. 이는 사람들의 합체하여 보편적인 사람이 되는 게 아니라, 사람을 사람이게끔 하는 사람의 보편적 요소가 구체적인 한 사람 안에 있는 것과 같다. 곧, 교회들이 합체하여 보편교회(가톨릭교회)가 되는 게 아니라, 교회를 교회이게끔 하는 '교회의 보편적 요소(교회의 가톨릭적 요소)'가 구체적인 '개별 교회' 안에 있다는 것이다. 따라서 곧, 전 세계의 모든 개별 가톨릭교회들 각각 안에는, 교회를 교회이게끔 하는 가톨릭교회(보편교회)가 완전하게 존재한다는 것이다.

가톨릭교회 이외의 교파들도 각자 자신이 보편적 교회임을 주장하고 있다. 개신교도 가톨릭(보편)주의를 주장하나, 가톨릭교회와 정교회는 개신교를 인정하지 않는다. 다만 일부 종파는 가톨릭교회를 의식하여 가톨릭이라는 말 대신 유니버설(universal) 등 대체 용어를 사용하기도 한다.

앞에서 설명한 것과 같이 가톨릭교회는 로마를 중심으로 하기에 로마가톨릭교회(Roman Catholic Church, Ecclesia Catholica Romana)로 불리기도 한다. 그러나 가톨릭이라는 말은 동방정교회를 포함해서 가톨릭교회라고 보는 학자들도 있다. 또 한편 동방 가톨릭을 제외한 로마교회를 일컫는 의미로도 쓰이기도 했다. 이러한 차이에 유의해야 한다. 가톨릭교회 전체를 로마가톨릭교회라고 부르는 것을 틀렸다고 단정해서는 안 되지만, 자칫 동방 가톨릭 신자들에게 소외감이나 오해를 불러일으키지 않도록 가톨릭 신자 스스로가 조심할 필요가 있다고 본다.

또한 종교개혁 이후 영국과 미국의 개신교에서는 가톨릭교회의 보편성을 부정하기 위해 의도적으로 '로마교(Romanism)', '로마교도(Romanists)', 혹은 '교황 추종자(Papist)'라고 비난 섞인 어조로 부르기도 하였으므로, 뉘앙스에 따라서는 '로마'에 대한 강조가 보편성과 대립되는 의미가 될 수도 있다. 일반적으로 로마가톨릭교회, 혹은 간단히 로마교회라고 불리는 교회는 로마 교황을 으뜸으로 하는 전 세계 교회를 일컫는 말로 시대에 따라 그 의미를 조금씩 달리해 왔다.

먼저 로마교회라는 말은 로마 주교의 관할 아래 있는 지역 교회라는 의미를 가진다. 로마에 교회가 세워진 것은 57년 이전으로 추정된다. 57~58년경 바울이 로마인들에게 보낸 편지를 보면 당시 로마에는 그리스도교가 상당한 정도로 발전하고 있었던 것으로 보인다. 이것으로 보아 바울 이전에 로마에 그리스도교를 전도한 사람이 있었다는 사실을 알 수 있다. 그 사람이 바로 사도들의 우두머리인 베드로라고 믿고 있다. 이때의 로마교회란 '베드로에 의해 창설된 교회' 혹은 '로마의 교회'라는 한정적인 의미를 갖게 되었다.

로마교회라는 말은 또 '동방교회에 대립되는 서방교회'라는 의미를 갖고 있다. 로마에 뿌리박은 그리스도교는 황제 콘스탄티누스의 관용령 이후 급격한 발전을 보였지만, 다른 한편으로는 많은 이단들이 속출하는 현상도 빚게 된다. 이때부터 로마교회는 로마 지방의 교회라는 의미와 함께 이단에 대한 정통교회라는 의미를 갖게 된다. 특히 동/서 로마제국의 분열 후 격화된 교의 논쟁으로 그리스도교는 동방교회와 서방교회로 분열되는데, 이때의 로마교회라는 말은 동방교회에 대립된 교회로서의 의미를 갖게 된다.

마지막으로 로마교회라는 말은 종교개혁 이후 분리된 프로테스탄트에 대해 보편적인 교회라는 의미를 갖고 있다. 트리엔트 공의회는 로마교회의 성격을 다음과 같이 규정하였다. 즉 로마교회는 ① 그리스도, 교황, 주교, 사제로 이어지는 가시적 제도可視的 制度로서의 교회다. ② 칠성사의 집행으로 생명을 얻고 유지하는 교회다. ③

미사를 신앙생활의 중심으로 하는 교회다. ④ 성서와 성전에 동일한 권위를 부여하는 교회다. ⑤ 성지 순례와 수도 생활에 커다란 의미를 부여하는 교회다. 그러나 종교개혁 이후 유럽 프로테스탄트에서는 로마가톨릭교회의 보편성을 부정하고 이를 로마 교황청 중심의 작은 교파로 인식하려는 경향이 나타났다. 이들은 로마교회를 로마교(Romanism)라고 경시하면서 가톨릭 신자들을 로마교도(Romanists), 혹은 교황 추종자(Papists)라고 비난 섞인 어조로 부르기도 하였다.

보편적 교회로서 로마교회는 교황청 아래 세계의 여러 교구를 둔 중앙집권적 조직을 갖고 있으며, 세계에서 가장 커다란 교회이다. 우리나라에서는 천주교회, 가톨릭교회, 로마가톨릭교회라는 말이 일반적으로 사용되며 로마교회라는 말은 별로 사용되지 않고 있다.

한편 세계사 교육의 영향으로 개신교에 대응하여 '구교舊敎'라고도 불리나, 구舊의 어감과 신교를 승인하는 듯한 뉘앙스 때문에 천주교 내부에서는 지양되는 표현이다. 이름에서 알 수 있듯이 보편교회를 지향하는 종교이다.

1. 가톨릭교회의 교리

가톨릭교회는 엄연히 하나님을 숭배하는 교회이다. 따라서 가톨릭의 교리 가운데 가장 근본적이고 중요한 네 가지 교리는 모두 하나님에 관한 것으로 다음과 같다.

- **천주존재**天主存在: 하나님은 무無로부터 영원까지 언제나 항상 계시며, 이 세상 만물을 창조하신 완전하고 무한한 유일신이시다.

- **삼위일체**三位一體: 하나님은 오직 한 분이시지만 세 위位를 포함하여 계신다. 곧 성부, 성자, 성령이신데, 이 셋은 서로 높고 낮음도 없으시고 먼저와 나중의 구별도 없으시며, 그 자체로 온전한 한 분 하나님이시다.

- **강생구속**降生救贖: 인류의 조상 아담과 하와가 선악과를 따먹는 죄를 범한 이후, 모든 사람은 그 원죄原罪로 인하여 천국에 들어갈 기회를 잃게 되었다. 그러나 성자 하나님이신 예수 그리스도께서는 인류의 모든 죄를 없애기 위하여 세상에 오시어 사람이 되시고, 마침내 십자가 위에서 죽으심으로 구속救贖 사업을 완성하셨다. 그러므로 누구든지 이를 믿고 세례를 받으면 성자의 구속 공로로 천당에 들어가 영원한 행복을 누릴 수 있다.

● **상선벌악**賞善罰惡: 사람이 죽으면 하나님의 심판을 받아야 한다. 하나님은 선을 행한 사람에게는 상으로 갚아 주시지만, 악을 행한 사람에게는 벌을 내리신다.

이 4대 교리는 가톨릭교회에서는 율법이 아니며, 정말 기본적인 가르침이다. 그리스도교와 전혀 관련 없는 일반인들도 대부분 이미 알고 있을 정도이다. 가톨릭을 포함한 모든 그리스도교의 정의라고 해도 과언이 아니며, 다른 그리스도교 교파에서도 대부분 통용되는 교리이다. 이 네 가지가 부분적으로라도 교리에 없다면 이단으로 취급된다. 심지어 아무리 심각한 이단조차도 3번과 4번을 부분적으로는 믿는다.

2. 가톨릭교회의 성경에 관한 입장

가톨릭교회가 성경에 관하여 취하는 입장은 아래와 같이 요약된다.

교회는 언제나 성경을 주님의 몸처럼 공경하여 왔다. 왜냐하면 교회는 특히 거룩한 전례를 거행하면서 그리스도의 몸의 식탁에서뿐만 아니라 하나님 말씀의 식탁에서도 끊임없이 생명의 빵을 취하고 신자들에게 나누어 주고 있기 때문이다. 교회는 늘 성경 말씀으로 양식과 힘을 얻는다. 왜냐하면 교회는 성경에서 인간의 말뿐 아니라, "사실 그대로 하나님의 '말씀'을 받아들이기" 때문이다. "하늘에 계신 아버지께서는 성경 안에서 사랑으로 당신 자녀들과 만나시며 그들과 함께 말씀을 나누신다." 이러한 정신은 가톨릭교회의 여러 중요한 전례에서도 그대로 드러난다. 전례 중 제일 중요한 미사를 먼저 살펴보면 미사를 구성하는 두 축은 말씀 전례와 성찬 전례이다. 말씀의 식탁이라고도 하는 말씀 전례 중에는 가톨릭교회의 여러 규정에 의해 정해진 바에 따라 성경을 읽는다. 그리스도의 몸의 식탁이라고도 하는 성찬 전례 중에 바치는 여러 기도들은 알 고보면 성경에서 취한 것들이다.

앞의 4대 교리 문단에서 가톨릭교회는 하나님을 숭배하는 교회라고 언급하였다. 그러면 '하나님은 누구이고 어떤 분이냐?'에 관한 질문이 자연스럽게 나온다. 하나님, 야훼, 천주, 성부, 성자(예수 그리스도), 성령이 각각 누구를 가리키는 말인지, 그리고 이들 간의 관계는 어떤지도 관심사가 된다.

가톨릭교회가 하나님을 누구라고 믿는지에 대한 신앙의 종합을

'신앙고백'이라고 부른다. 사도로부터 이어 오는 가톨릭교회 역사를 통해 생겨난 여러 신경 중 '사도신경'과 '니케아-콘스탄티노폴리스 신경', 이 두 가지가 교회의 삶에서 특별한 위치를 차지한다. 가톨릭교회의 방대한 신앙 세계의 핵심이 신경에 녹아들어 있으므로, 신경의 표현 하나하나를 깊이 들여다보면 가톨릭교회가 하나님을 누구라고 믿는지를 조금이나마 알 수 있다.

다음은 사도신경과 니케아-콘스탄티노폴리스 신경을 비교한 내용들이다.

사도신경	니케아-콘스탄티노폴리스 신경
전능하신 천주 성부 천지의 창조주를 저는 믿나이다.	한 분이신 하나님을 저는 믿나이다. 전능하신 아버지, 하늘과 땅과 유형무형한 만물의 창조주를 믿나이다.
그 외아들 우리 주 예수 그리스도님	또한 한 분이신 주 예수 그리스도, 하나님의 외아들 영원으로부터 성부에게서 나신 분을 믿나이다. 하나님에게서 나신 하나님, 빛에서 나신 빛 참하나님에게서 나신 참하나님으로서, 창조되지 않고 나시어 성부와 한 본체로서 만물을 창조하셨음을 믿나이다. 성자께서는 저희 인간을 위하여, 저희 구원을 위하여 하늘에서 내려오셨음을 믿나이다.

성령으로 인하여 동정 마리아께 잉태되어 나시고 본디오 빌라도 통치 아래서 고난을 받으시고 십자가에 못 박혀 돌아가시고 묻히셨으며 저승에 가시어 사흘날에 죽은 이들 가운데서 부활하시고 하늘에 올라 전능하신 천주 성부 오른편에 앉으시며	또한 성령으로 인하여 동정 마리아에게서 육신을 취하시어 사람이 되셨음을 믿나이다. 본디오 빌라도 통치 아래서 저희를 위하여 십자가에 못 박혀 수난하고 묻히셨으며 성서 말씀대로 사흘날에 부활하시어 하늘에 올라 성부 오른편에 앉아 계심을 믿나이다.
그리로부터 산 이와 죽은 이를 심판하러 오시리라 믿나이다.	그분께서는 산 이와 죽은 이를 심판하러 영광 속에 다시 오시리니 그분의 나라는 끝이 없으리이다.
성령을 믿으며	또한 주님이시며 생명을 주시는 성령을 믿나이다. 성령께서는 성부와 성자에게서 발하시고 성부와 성자와 더불어 영광과 흠숭을 받으시며 예언자들을 통하여 말씀하셨나이다.
거룩하고 보편된 교회와 모든 성인의 통공을 믿으며 죄의 용서와 육신의 부활을 믿으며 영원한 삶을 믿나이다.	하나이고 거룩하고 보편되며 사도로부터 이어 오는 교회를 믿나이다. 죄를 씻는 유일한 세례를 믿으며 죽은 이들의 부활과 내세의 삶을 기다리나이다
아멘.	아멘.

3. 성모마리아에 대한 4대 교의教義

가톨릭은 이외에도 성모마리아에 대하여 4대 교의를 정하여 믿을 교리로 가르친다. 여기서 '교의教義'는 교회가 정한 믿을 교리를 뜻한다. 그러나 이는 성모마리아께 대한 공경恭敬의 의미이지, 4대 교리처럼 하나님께 대한 숭배의 의미가 절대 아니고 존경의 의미이다. 숭배의 개념과 존경의 의미를 명확히 구별해야 한다. 보통 예비신자 시절에 이걸 처음 배운다. 가톨릭 신자라면 반드시 믿어야 하고 다음과 같이 성모마리아를 거의 신적인 존재로 우상시 했다.

1) 천주모친 : 예수 그리스도는 삼위일체의 제2위 성자 하나님이시므로, 그 어머니이신 성모마리아는 하나님의 어머니이시다.

2) 평생동정 : 성모마리아는 예수 그리스도를 낳으시기 전과 후에 어떠한 아이도 낳지 않고 동정으로 사셨다.

3) 무염시태 : 성모마리아는 하나님의 특별한 은총으로 잉태되실 적부터 원죄가 없으셨다.

4) 몽소승천 : 성모마리아는 사망하실 적에 예수 그리스도에 의해 하늘로 들어올림 받으셨다. 성모마리아는 원죄가 없으므로 공심판 때 일어날 육신의 부활을 기다릴 필요가 없었기 때문이다.

가톨릭에서 자부심을 느끼는 것 중 하나는 교부敎父들의 탄탄한 철학적 토대이다. 이를 잘 보여주는 고전 저작 중에서는 《고백록》, 《신국론》 등 철학자로도 유명한 성 아우구스티노의 저작들과 토마스 아켐피스의 《그리스도를 본받아》라는 저작이 제일 많이 권해진다.

4. 가톨릭 신자의 의무

가톨릭은 신자가 되는 것도 꽤 번거롭고, 신자가 되어도 지켜야 할 것이 많은 종교다. 가톨릭 신자의 의무가 몇 가지 정해져 있는데 다음과 같다.

주일과 의무 축일 미사에 빠지면 안 된다. 많은 곳에서 '4대 의무 축일'이라는 표현을 쓰며 그 의무 축일로 주님 성탄 대축일, 천주의 성모마리아 대축일, 주님 부활 대축일, 성모 승천 대축일이라고 설명하고 있다. 그러나 이렇게 되면 마치 주일은 의무가 아닌 것처럼 보일 우려가 있다.

금육과 금식을 지켜야 한다. 금육은 매주 금요일이고, 단식은 재의 수요일과 주님 수난 성금요일에 의무적으로 해야 하는데, 금육은 날개 달린 동물 또는 4발 달린 동물의 고기나 국물을 먹지 않는 것이고, 단식은 하루 1끼는 먹고, 1끼는 간단히 요기만 하고, 1끼는 완전히 굶는 것이다. 그리고 금육과 단식의 목적은 신자들을 괴롭히려는 게 아니라, 금요일에 십자가 처형으로 수난 당하고 죽음 당하신 그리스도의 고통에 동참하자는 의미, 그리고 육고기나 식사를 절제함으로 인해 아낀 돈을 가난한 자들을 위해 자선하는 뜻으로 행하는 것이다.

금육은 만 14세 이상부터 죽을 때까지, 단식은 만 18세부터 만 61세까지가 그 대상이며, 그 외에 환자, 허약체질, 육체노동자, 여행자, 수험생 등은 사전 관면을 받으면 걸러도 된다. 하지만 사순 시기나 주님 수난 성금요일을 제외한 금요일의 금육의 경우 1966년 교황 바오로 6세에 의해 의무적인 것이 아닌, 신자들이 육고기 음식을 금하는 전통적 금육이나 혹은 가족기도, 선행, 자선, 금연, 금주 등 다양한 희생으로 대체해서 지킬 수 있도록 완화했다 또한 금요일이 교회가 지정한 대축일과 겹치면 그날 금육 의무는 자동으로 면제된다. 대표적으로, 주님 부활 대축일 후의 8일간인 부활 팔일 축제 동안에는 금요일이더라도 금육이 자동 면제되며, 이외에도 연중 시기에도 간혹 금요일이 대축일과 겹쳐 금육 의무가 없는 날이 있다. 인터넷에서 가톨릭 전례력을 검색하거나 성당 달력 등을 확인하여, 금요일에 작은 글씨로 '금육'이라는 글자가 없는 날은 금육을 지키지 않아도 된다. 그리고 금육을 하는 것은 그리스도의 수난과 고통을 기억하고 가난한 자들을 위해 값비싼 고기를 먹지 않는 의미를 담고 있는데, 금육이라는 형식에 치우치지 말고 그 의미를 더욱 중요하게 생각해야 한다.

위에서도 서술했고, 신자들을 포함해 많은 사람들이 간과하는 사실인데, 사실 가톨릭교회에서는 1966년 이후에도 사순 시기의 첫날인 재의 수요일, 사순 시기의 모든 금요일, 그리고 주님 수난 성금요일에는 단식과 금육의 완화를 주지 않았다. 따라서 해당 국가 지역 교회의 공식적인 관면이나 별도 사목적 지시사항이 없는 이상, 사순 시기의 금요일에는 고기 음식을 피하는 방식의 전통적 금육을 지켜야 하고, 재의 수요일과 주님 수난 성금요일엔 가톨릭 신자들은 단식과 금육을 같이 종일토록 지켜야 한다. 단식의 방법에 대해서는 상술한 방법 참조하면 된다. 또한 많은 신자들이 간과하는 사실이지만, 금육재와 단식재 역시도 교회법이 정한 중한 계명이므로, 이를 지키지 않았을 시 (관면도 안 받고 대체 행위도 안 했다면) 성사와 영성체 전에 고해성사를 꼭 해야 한다.

헌금을 내는 것도 신자의 의무이자 양심이다. 천주교회에서 도움을 받는, 다시 말해 찢어지게 가난한 경우가 아닌 이상 수입의 1/60 에서 1/10까지 자발적으로 액수를 정해서 무조건 내야 한다. 수입 에서 정해진 액수도 없다. 그냥 본인이 내는 대로 내면 된다.

가톨릭교회의 혼인 교리를 존중하며, 혼인법을 잘 지켜야 한다.

이 외에도 선교하는 것 등 많은 의무가 교회법 및 각종 교리서에 깨알같이 적혀 있다. 특히 이들 중 대죄(어기면 반드시 고해성사 봐야 될 죄)를 짓지 말아야 할 의무도 기본적으로 모든 신자들에게 있다.

종교 중에서는 가톨릭이 신자 관리가 대단히 명확한 편이다. 인구 조사에서 집계되는 신자 수가 자체적으로 조사하여 발표하는 신자 수보다 많은 유일한 종교이다. 이는 매년 의무적으로 해야 하는 것 이 영세인데, 영세를 받지 않으면 종교 활동을 하지 않는 냉담자로 간주하여 신자 집계에서 제외하기 때문이다.

가톨릭은 인위적인 피임과 낙태, 그리고 시험관 아기를 비롯한 인 공수정을 교회의 가르침으로 강하게 금지하고 있다. 그리고 낙태를 죄로 여기는 것은 인간을 규제하기 위해서가 아니라, 낙태로 인해 생명을 경시하는 더 큰 죄와 악에 빠지는 것을 막기 위함으로 설명 한다. 그렇기에 가톨릭에서 낙태는 당사자뿐 아니라 낙태를 주선한

이 역시 죄를 짓는 것이다. 그런 이유로 낙태의 부분 허용을 명시하고 있는 모자보건법의 전면 폐지를 강하게 주장하고 있다. 낙태 반대에 대한 가톨릭의 교리를 보다 세부적으로 자세히 파악하고 싶다면 낙태 문서의 낙태죄 폐지 이후에는 반대의 의미의 범위가 넓어졌다. 그 중 낙태죄의 형벌이 가장 강하며, 낙태죄를 범한 게 확실한 사람은 자동 파문된다. 또 낙태에 협력한 사람도 똑같은 죄를 범한 것이 되어 마찬가지로 자동 파문된다. 원칙적으로 이 죄에 대한 사면권은 교황과 주교에게 있는데, 일반적으로 주교나 교황을 찾아가 고해를 청하는 일은 쉽지 않다. 낙태는 여전히 대죄이다. 다만 교회는 심판하고 단죄하는 교회가 아니다. 그러나 어쩔 수 없는 처지에서 낙태를 선택하거나 강요당한 여성들, 깊이 깨닫지 못하고 낙태에 협조한 사람들, 낙태 이후 죄의식 때문에 신앙으로부터 멀어져 간 사람들에게 이제 교회의 품으로 돌아오라는 초대를 하려는 운동이 점차적으로 일어나고 있다.

간혹 금욕도 강요한다고 잘못 아는 경우가 있으나 실제로 가톨릭 성직자들과 수도자들은 평생 금욕하며 살아간다. 평신도들도 본인이 원한다면 평생 금욕을 지키며 살아갈 수도 있다.

사형에 대해서는 이전에는 조건부로 찬성했으나 이후 교리를 바꿔 사형 자체를 반대한다. 이는 사형 선고를 받은 인간의 불가침성과 존엄성에 대한 공격이므로 사형을 받아들일 수 없다는 입장이다. 바티칸 시국은 교황령 시점인 1870년에 사형 집행을 한 이후 더 이상 사형 집행이 없었다가 1969년에 완전히 폐지했다.

현재 가톨릭에서는 성관계를 하나님께서 남녀 일부일처 부부 사랑의 표현과 자녀 출산을 위해 주신 성스러운 행위로 보고 있기 때문에, 이를 목적으로 하지 않는 모든 성행위, 또는 생명 연구를 위한 생명의 파괴를 반대하고 있다.

5. 교황 제도에 대한 여러 가지 견해

가톨릭은 다음과 같이 교황 제도를 옹호하며 초대 교황 베드로에 대한 주님의 약속은 다음과 같다고 주장한다.

주께서 베드로에게, 너는 베드로이다. 내가 이 반석 위에 내 교회를 세울 터인즉 저승의 세력도 감히 그것을 이기지 못할 것이다. 또 나는 너에게 하늘나라의 열쇠를 주겠다. 네가 무엇이든지 땅에서 매면 하늘에도 매여 있을 것이며, 땅에서 풀면 하늘에도 풀려 있을 것이라고 말씀하셨다. 또 부활 후에 그에게 내 양들을 잘 돌보아라고 하셨다. 이렇듯이 주님은 그분(베드로) 위에 교회를 세우셨고 그에게 양들을 맡기셨다. 모든 사도에게 동등한 권한을 주셨지만, 하나의 교좌를 세우셨으며, 당신 권위로 일치의 기원과 이치를 제정하셨다. 베드로 역시 다른 사도들과 같은 사도였지만 베드로에겐 수위권이 주어졌는데, 이것은 하나의 교회, 하나의 교좌가 드러나기 위함이다. 사도가 모두 목자이지만 한마음으로 사목하기 위해 그 양 떼는 하나이다. 베드로를 향한 이 일치를 견지하지 않는 자가 어떻게 신앙을 보존하고 있다고 믿을 수 있겠는가 하면서 교회가 베드로의 교좌 위에 세워져 있다고 주장한다.

그리스도께서 당신의 거룩한 사도들과 제자들에게 하신 주님의 말씀, 곧 "너희를 받아들이는 이는 나를 받아들이는 사람이다."와 "너희를 물리치는 자는 나를 물리치는 사람이다."라는 말씀이, 그들의 뒤를 이어 그들을 따라, 가톨릭교회의 교황들과 최고 사목자들이 된 모든 이에게 하신 말씀이라고 믿으며, 우리는 이 세상의 어떤 권력들도 교황이 다스리는 이들에게서 어떤 것도 절대로 불명예스럽게 하거나 그들의 주교좌에서 어떤 것도 제거하려고 할 수 없으며, 오히려 옛 로마의 교황 성하와 그 다음 콘스탄티노폴리스(새 로마 Nova Roma)의 총대주교, 그다음 알렉산드리아, 안티오키아 그리고 예루살렘의 총대주교들이 모든 영예와 존경을 받기에 합당하다고 판단할 것을 결정한다. 그러나 어느 누구도 옛 로마의 교황 성하를 거슬릴 수 없으며 사도들의 으뜸인 베드로좌에 반대하여 글로써 또는 글을 쓰지 않고 어떤 모욕을 야기시키는 그런 자만심과 대담함을 행사한다면, 그는 저들과 동등하고 같은 단죄를 받을 것이다.

만일 세속의 권력을 향유하거나 차지하면서 이미 언급한 사도좌의 교황이나 다른 총대주교들 중 어느 누구를 내쫓으려 시도한다면 그는 파문될 것이다. 더 나아가, 만일 보편 공의회가 소집되어 로마인들의 거룩한 교회에 대해 어떤 의심이나 논쟁이 생겼다면, 존경하는 마음으로 그리고 마땅한 경의를 가지고 제기된 문제에 대하여 알아보고, 도움을 받든지 도움을 주든지 해결책을 받아들이는 것이 마땅하지만, 결코 옛 로마의 교황들을 거슬러 감히 판결을 내려서는 안 된다.

베드로를 최초의 세계교회의 수장으로 결정한 것은 바로 콘스탄티노폴리스 공의회(869년~870년)에서 결정한 교령이었다.

거룩한 사도좌와 로마 주교는 온 세계에 대한 수위권을 보유한다. 로마 주교는 거룩한 사도들의 우두머리 베드로의 후계자, 그리스도의 참된 대리자, 전체 교회의 수장 그리고 모든 그리스도인의 아버지요 스승이다. 로마 주교에게는 거룩한 베드로 안에서 전체 교회를 양육하고 이끌고 지배하는 충만한 권력이 우리 주 예수 그리스도에 의해 주어져 있는 바, 이 사실은 보편 공의회들의 문서들과 거룩한 법령들 안에도 나타나 있다. 더 나아가 나머지 총대주교들의 교회법적 서열을 갱신하는 결정이었다. 콘스탄티노폴리스 총대주교가 로마 주교 다음의 둘째 지위를 보유하며, 셋째는 알렉산드리아 총대주교, 넷째는 안티오키아 총대주교, 다섯째는 예루살렘 총대주교다. 이들의 모든 특권들과 권한들은 그대로 보존한다고 결정하였다.

그 다음에 피렌체 공의회(1439년) 교령에 의하면 예수의 12사도 중 하나인 베드로의 후계자라고 여겨지는 교황敎皇을 중심으로 운영되고 있다. 초기 교회 시대의 교부들은 로마에 근거한 베드로좌와의 친교가 사도들로부터 이어져 온 정통 교회인지 이단인지를 구분하는 강력한 증거라고 주장했다.

이단은 최고 권위(교황)에 불복하는 상태이고, 이단은 가톨릭에서 필수적으로 여기는 믿을 교리를 (하나라도) 고의적으로 부정하여 교회 자체로 인정받지도 못하는 교회 밖의 신자 공동체라는 것이다. 대표적으로, 개신교는 성체성사나 성사 교리, 성모마리아에 대한 교리 등을 부정하므로 이단의 정의에 확실히 맞는다고 가톨릭은 주장한다. 이교 종파나 이단 종파나 모두 고의적으로 이런 상태를 선택하거나 교리 지식이 충분해져 가톨릭의 진리를 알게 되었으면서도 해당 타 교파에 남아 있다면 고의로 죄를 짓는 그리스도인이 되며, 원칙적으로는 구원받을 수 없다고 본다.

같은 그리스도교 계열의 종교임에도 불구하고 연맹왕국인 정교회나 개신교와는 달리 가톨릭은 철저하게 교황청을 중심으로 한 중앙집권 방식을 택하고 있다. 이는 가톨릭에서 특정 교구나 성당이 비대해지거나 몰락하는 것을 방지하기 위해 중앙에서 일괄적으로 전체 통제를 하고 있는 것이다. 그렇기 때문에 거의 모든 교구에서 똑같은 교리와 똑같은 방식의 전례(성사, 시간 전례 등)를 진행한다. 대부분의 성당이 동일한 전례를 가지므로 집에서 가장 가까운 성당에 가기 어려울 때는 다른 성당에 가더라도 같은 내용의 전례에 참여할 수 있다.

가톨릭교회 개별 본당의 재정 원천은 매주의 봉헌 헌금과 일반 헌금이다. 교회 방침은 각 본당의 예산 중 일정 비율(7~10% 정도)을 본당의 이웃돕기, 사회복지에 사용토록 권유하고 있다. 그리고 교구 운영을 위해 본당 총재원의 일정 비율을 교구 납입금으로 보낸다. 신자가 많은 성당에서는 교구에 납입할 수 있지만 적은 경우 도리어 자기의 교구청의 도움을 받기도 한다. 그리고 교황청의 활동, 자선 사업에 사용할 경비를 위해 매년 교황주일(성베드로 대축일: 매년 6월)

에 2차 헌금(베드로 헌금, Peter's pence)을 하고, 이를 교황청에 보낸다.

가톨릭교회에서는 주교품, 사제품, 부제품에 서품된 성직자를 각각 주교, 신부, 부제라고 부른다. 교황이나 추기경, 대주교 등은 품계는 주교이되, 특히 교황이라는 직책과 추기경이라는 직책은 반드시 주교품에 해당하며, 앞서 설명했듯이 주교품에 해당하는 성직자는 모두 주교라고 부를 수 있으므로, 교황과 추기경도 주교라고 부를 수 있다. 실제로 교황의 다른 명칭으로 '로마의 주교(Episcopus Romanus)'와 '로마 관구의 관구장 대주교' 등이 있다. 사제 안에서도 각 본당의 주임신부와 보좌신부들(교구사제), 수도회의 수도사제들이 있다. 또한 성직자들과는 완전히 별개로 수도자들 역시도 계급이 있다. 또한 평신도들은 성직자의 교도권에 대해 무조건 절대 복종해야 할 의무가 있다.

더욱이 가톨릭은 여타의 종교에 비해 보고 체계가 매우 잘 발달되어 있으며, 그래서 사건이 발생하면 일반 신부에서부터 교황에게까지 순차적으로 보고가 들어간다. 그러면 사소한 사항은 주교 선에서 해결하고, 중대한 사항은 교황이 판단한다.

가톨릭이 교황 제도를 견고히 유지하는 반면 동방정교회에서는 교황 대신에 총대주교의 명칭을 사용하고 있으며 자기 관할 하에 있는 교구에 대해서는 가톨릭의 교황과 거의 비슷한 권한을 가지고 있다.

성공회

1. 기원

성공회는 16세기 England의 개신교 종교개혁으로 시작된 기독교 교단 중의 하나이다. 성공회란 말은 '거룩하고 보편적인 교회라'는 뜻이다. 16세기 영국의 왕인 헨리 8세는 왕비 캐서린과의 이혼 문제에 대하여 로마가톨릭교회가 인정해 주지 않으므로 갈등을 빚었는데 1534년 수장령(영국교회를 관리하는 권한은 오로지 영국 왕에게 있다)을 선포하고 로마가톨릭으로부터 독립하여 영국 국교를 만든 것이다.

성공회는 Catholic(천주교)과 개신교의 신앙과 신학을 조화 융합시킨 영국의 국교로 시작되었으나 가톨릭교회의 영향을 벗어나지 못하고 모든 예배 의식에 있어서 가톨릭 예식을 그대로 채택한 것 같은 느낌을 주는 동시에 개신교의 신앙 다양성을 포함시키려고 노력한 것 같이 보인다.

그러나 가톨릭교회와 다른 점으로 가장 큰 issue로 등장하는 교황의 권위를 인정하지 않는 것이다. 교황이 세계교회의 지도자의 특권을 가졌다는 것을 인정치 않는 것이다. 오히려 영국 국교인 성공회의 캔터베리 대주교가 형식적이나마 교황 못지않게 세계 성공회 수장으로 활약하고 있다는 것이다. 두 번째로 성공회는 가톨릭교회가 금기로 여기는 여성 사제에 관한 것인데 개신교와 마찬가지로 여성 사제를 허락하여 남성 사제와 동등한 권한을 부여했다는 것이다. 세 번째로 남성 사제나 여성 사제의 결혼을 허락했다는 것이다. 가톨릭교회에서는 사제의 독신주의(Celibacy)를 강조한다. 네 번째로는 가톨릭교회가 교황의 결정에 복종해야 하는 것과는 반대로 성공회에서는 각 치리기관의 자치성을 인정하고 더 나아가서 자유로운 분위기 속에서 설교를 중심한 예배 의식이 진행되어야 한다고 말하고 있다. 이것은 개신교의 신앙 노선을 많이 참고한 것 같다.

또 한편 사회문제에 대하여 가톨릭교회가 보수적인 경향을 보이는 것과 반대로 성공회는 상당히 급진적으로 동성애, 성차별 등에 대하여 상당히 포괄적인 태도를 보여주고 있다. 성공회는 잉글랜드 성공회를 시작으로 세계 성공회 공동체를 이루는 보편교회주의 기독교 교파이다. 전 세계 165여 개국, 독립적이고 자치적인 40개 관구가 존재하며, 신자는 약 1억 명으로 추산한다. 로마가톨릭교회와 개신교 특징이 공존한다.

16세기 잉글랜드 종교개혁으로 공식 명칭을 '잉글랜드교회 (English Church)'에서 '잉글랜드성공회(Church of England)'로 불러왔으며, 19세기 이후 다국가에 형성된 성공회를 제도적으로 정비하고 현재 '세계성공회공동체(Anglican Communion)'로 칭하였다. 흔히 성공회하면 영국국교회를 떠올리지만, '영국국교회'라는 용어는 성공회 전체를 지칭하는 게 아니라, 잉글랜드성공회만을 가리킨다. 교파로는 초기 개혁교회에서 파생된 만큼 개혁교회 취지인 교황의 권위를 인정하지 않는 개신교적 전통이 존재하나, 사도 성사를 인정하고 있다는 점에서 개신교와 비교가 된다. 따라서 개혁교회 교파 안에 포함되어 있더라도 개신교와 따로 분리해서 보기도 한다. 캔터베리 대주교는 잉글랜드성공회의 최고위 성직자이자, 세계성공회공동체의 명예 대표로서 활동한다.

성공회는 자신의 정체성을 개혁하는 보편교회(Reforming Catholic Church)로 표현한다.

정치·사회적 이유로 흔히 헨리 8세가 아라곤의 캐서린과 이혼하려고 만들었다는 의견이 강하다. 그러나 그것만이 성공회 창설의 계기로 작용한 것은 아니다. 세계성공회공동체(Anglican Communion)의 기원이 되는 잉글랜드성공회(the Church of England)는 독일, 네덜란드, 스위스, 프랑스, 잉글랜드 등에서 진행된 16세기 유럽 종교개혁의 일부이다. 종교개혁자 마르틴 루터 등의 사상이 1520년대 잉글랜드에 영향을 주어 잉글랜드 교회에서의 교회 개혁 운동이 움트고 있었다. 잉글랜드 종교개혁 이전에도 위클리프(Wycliffe)가 실천한 영어성서 번역과 같은 교회 개혁 운동이 실천되고 있었다. 특히 당시 영국을 지배하던 로마가톨릭교회에 대한 반대와 반성직자 운동이 이미 곳곳에서 일어나고 있었다.

잉글랜드 종교개혁의 상징은 토머스 크랜머 캔터베리 대주교가 이끌었고, 그 결과물이 현재 성공회의 큰 자산인 잉글랜드성공회 예전(Liturgy)을 담은 책인 《성공회 기도서(The Book of Common Prayer)》이다. 1549년 영어로 쓴 《성공회 기도서》의 등장으로 영국의 기독교인들은 공부를 많이 한 학자가 아니면 무슨 뜻인지 읽을 수 없는 라틴어가 아닌, 글을 읽지 못하는 사람이 아니라면 누구나 이해할 수 있는 영어로써 예배하였다. 《성공회 기도서》는 현재에도 성공회의 신앙생활, 예배생활, 신학과 영성의 중요한 바탕이 되며 성공회의 모든 의식 예문의 기초이다. 한국의 성공회인 대한성공회는 한국어로 번역된 판본을 사용하고 있다.

근대 성공회는 대영제국의 식민지 건설과 선교사들의 선교 활동으로 잉글랜드성공회(Church of England)에서 세계성공회(the Anglican Communion)로 발전하는 두 단계의 과정을 겪는다.

첫 단계는 17세기에 영국의 식민지 개척 정책에 의해 성공회가 오스트레일리아와 캐나다, 뉴질랜드, 남아프리카 등으로 퍼졌다. 두 번째 단계는 18세기에 펼쳐지는데, 이때 성공회가 전 세계로 확대되었다. 이는 잉글랜드, 아일랜드, 웨일스 성공회의 선교 노력이 낳은 결과였다. 이를 바탕으로 19세기에 들어서 독립되고 자치적인 지역 성공회 교회들을 곧 관구들이 현재 세계성공회공동체의 기틀을 마련하였다.

2. 세계성공회 조직

세계성공회(the Anglican Communion)에 속한 각 지역 성공회 교회들은 교회가 위치한 국가나 지역에 따라 자치적이고 독립적인 교회로 성장했다. 19세기 말부터는 그 역사적 기원과 신학적 전통을 공유하는 하나된 교회의 인식을 강화하기 시작했다. 세계성공회공동체의 당면한 문제를 협의하기 위하여 전 세계 성공회 주교 회의인 람베스 회의를 약 10년마다 열어 모인다. 람베스 회의는 치리 권한을 가진 법적 기구가 아니라 협의 기구이다. 캔터베리 대주교는 세계성공회공동체의 일치를 드러내는 상징이지만, 치리 권한을 갖지 않으며 각 나라의 성공회는 서로 동등한 자치적인 권한을 갖는다.

1888년 람베스 회의에서는 세계성공회뿐만 아니라 전 세계 기독교의 일치를 위한 신앙적 기준을 마련했는데 이는 기독교의 기본 신앙 선언을 함축하고 있다. 람베스 회의의 내용은 다음과 같다.

- 구약성서과 신약성서 66권은 "구원에 필요한 모든 것을 담고 있는" 하나님의 계시된 말씀이다.
- 초대교회의 신앙고백인 사도신경과 니케아 신경은 기독교 신앙을 드러내기에 충분한 선언이다.
- 세례성사와 성찬례는 그리스도께서 친히 제정하신 두 가지 성사(Sacrament, 성례전)이다.
- 역사적 주교직(the historical episcopate)은 교회의 일치를 위한 적절한 치리 방법이며, 그 형태는 다양할 수 있다.

람베스 회의의 발전 속에서 거듭된 관심사는 지역 관구 교회의 독립성에 대한 인정과 교회의 일치에 관한 것이었다. 모순되는 듯한 이 해결책을 람베스 회의와 세계성공회는 '가시적 친교'라는 소명 속에서 '교제(fellowship)'와 '상호 친교(intercommunion)', 그리고

‘상호 책임(mutual responsibility)’이라는 개념으로 발전시켰고, 이를 위해 구체적인 협의 기구를 형성하여 일치를 유지하려고 애썼다.

성공회는 1867년부터 2008년까지 모두 14차례에 걸친 회의를 통하여 세계성공회의 일치와 개신교회, 로마가톨릭교회, 정교회 등 다른 전통 교단들과 나누는 교제와 일치 등에 대한 이해를 발전시켰다.

그 특징은 포용적인 태도, 민족적이고 자치적인 태도, 그리고 일치를 지향하는 태도라고 할 수 있다. 세계성공회공동체는 이러한 신학적 태도와 교회 이해에 기초하여 20세기 중반부터 활성화되기 시작한 교회일치운동에 신학적 근거를 제공하는 한편, 주도적인 역할을 담당해 왔다. 한편, 21세기에 들어서 미국성공회, 캐나다성공회의 동성애자에 대한 시민 결합 축복, 그리고 성직 서품 허용으로 성공회 내 신학 논쟁이 격화되었고 여성 주교 서품 등을 둘러싸고 세계 성공회 공동체 내부에서 논쟁이 계속되고 있다.

성공회는 획일성과 강요가 아닌 토론과 관용을 통해 교회가 가진 문제를 해결해가야 한다는 입장(성공회 용어로 ‘모호성’)에 따라, 교회의 교리 내용과 범위를 명시적으로 정하지 않는다. 이런 점에서 동성애, 여성 주교 서품 등에 관한 각 지역 성공회 관구의 입장은 해당 관구의 사회 문화 정치적 상황에 크게 의존하는 경향을 보인다. 따라서 성적 소수자와 여성의 인권을 존중하는 미국과 캐나다 등과 다른 국가들 간의 입장 차이가 크다. 성공회의 최고 영적 지도자는 교회 전통에 따라 영국성공회의 캔터베리 대주교이다. 그러나 개별 국가나 지역별 성공회는 독립적이고 자주적인 관구 교회들이기 때문에 캔터베리 대주교는 다른 관구에 대한 치리 권한이 전혀 없다. 지역 관구 교회 안에서 일어나는 교리 해석상의 변경이나 내부 조정을 위한 권위는 그 개별 관구의 의회(관구 의회)를 통해서 결정된다.

현재 세계 성공회 내의 논란과 갈등은 주로 아프리카 지역에 분포한 성공회 관구들을 중심으로 한 소위 Global South와 미국, 캐나다성공회 등 진보적인 성공회 관구 사이에서 발생하고 있다. 성공회는 역사적으로 다양한 신학적 입장들이 서로 견제하며 공존하고 있는 전통을 유지하며 발전했다. 아래에 서술되는 신학적 경향은 이해의 편의를 위한 것일 뿐, 분명하게 나뉘는 것은 아니다. 성공회는 형식상 고교회(High Cgurch)와 저교회(Low Church)로 나뉘어져 있다.

고교회파는 교회의 성사성과 그 권위를 '높이' 평가한다는 의미에서 나온 말인데 영국성공회를 가리키고 있다. 그리고 국교적인 성공회를 제외하고는 전부 저교회에 속한다. 예를 들어 장로교(Presbyterian), 감리교(Methodist), 개혁교회(Reformed), 침례교(Baptist) 그리고 청교도(Puritanism) 등은 저교회에 속한다.

다시 말해서 저교회는 위의 고교회에 대한 상대적 표현이다. 즉 교회의 성사성과 그 권위를 대체로 '낮게' 평가한다는 의미에서 나온 말이다. 그 시작은 16세기부터 시작되었는데 대체로 영국성공회 교회 내 청교도들에 의해서 시작되었다고 볼 수 있다. 그 발단은 고교회인 성공회가 헨리 8세에 의해 시작되면서 청교도들은 성공회가 Catholic의 전통을 떠나 성서 중심의 개신교적인 신앙에 의해서 교회가 발전하기를 기대했는데 그 기대에 미치지 못하고 Catholic과 개신교의 입장을 반반씩 채택하는데 청교도들은 반기를 들은 것이다.

특히 18세기 들어서서 영국성공회 내에 복음주의 운동이 시작되면서 개신교 종교개혁 전통에 따라 성령에 의한 개인의 회심, 성서의 최우위성, 복음의 설교에 강조를 두었으며, 신앙에 의한 교리를 강조하였다. 잉글랜드 성공회의 사제였던 존 웨슬리 신부는 신앙 쇄신 운동을 고교회 전통에서 시작했으나, 그의 운동은 점차 복음주의 운동으로 발전하였다. 이에 반응하여 성공회는 웨슬리 사목 활동 정지 등을 내렸고 결국은 웨슬리의 신앙 쇄신 운동은 고교회를 떠나 저교회의 감리교 운동으로 바뀌며 새로운 교파로 발전하였다. 존 웨슬리는 감리교회의 감독이면서도 성공회 사제이기도 했다. 감리교 복음주의자들은 영국성공회의 방침을 떠나 노예 제도 반대 운동, 주일학교 운동 등으로 영국 사회를 바꾸어 놓기 시작했다.

성공회 내의 이러한 다양한 전통은 서로 신학적 반성의 기회를 제공하면서 지금도 여러 모습으로 여전히 이어오고 있다. 그러나 이러한 신학적 태도의 다양성은 성공회 전통을 분열시키지 않고 나름대로 성공회의 신학과 정신의 풍요로움에 기여하고 있다고 평가된다. 성공회는 기독교 신앙을 바르게 지탱하는 권위에 대해서 독특한 관점을 발전시켰다. 즉 성공회는 기독교 신앙을 판단하는 방책으로 세 가지 기준(code)을 통해 세웠다. 성서와 이성과 전통이 그것이다. 이러한 세 가지 기준은 성공회의 역사적 발전과 관련이 깊다.

성서는 종교개혁의 출발점이었다. 즉 전통을 통해 굳어진 실체를 진리로 잘못 알고 있는 것에 대한 비판과 진리의 회복으로서 종교개혁이 존재하는데, 그 비판과 회복을 위한 최우선의 권위가 바로 성서이다. 사실 이러한 성서의 권위는 전통과 교리에 빗대어 신학적 궁극성이나 절대적 원리를 내세우는 모든 주장을 상대화하려는 비판적 원리라고 이해할 수 있다. 따라서 교회의 내적 성찰을 위하여 종교개혁 전통에서는 성서를 강조한다. 여기서 이러한 환상을 피하기 위한 인간 이성의 개입이 불가피하다. 그러나 이때 '이성'은 해석자의 자의를 말하는 것이 아니다.

이성은 하나님께서 인간에게 주신 선물이며 교회 공동체가 함께 공유하고 판단하는 이성(cosmic and corporate Reason)이다. 또한 이성은 전통보다 앞선다. 전통은 이성을 통해서 형성되기 때문이다. 이성은 인간의 경험을 사물의 본질과 조화할 수 있도록 하는 것이다. 한편 전통은 인간의 경험과 실천, 그리고 합의가 최종으로 만들어낸

교회의 공동체적인 산물이다. 이렇게 만들어진 전통은 교회의 중요한 권위이다. 성서에 대한 이성적 작업으로 축적된 신앙의 결과물이 바로 전통이다. 그러므로 전통은 성서에 대한 이성적 해석에 종속되어야 한다. 전통은 성서에 속한 초자연적인 최고 진리를 가져다줄 수 없지만, 자의적 판단의 위험성을 피하는 데 중요한 역할을 한다. 그러나 전통은 성서와 이성에 근거한 인간의 '실천, 경험, 동의'에 의해서 필요에 따라서 변경되고 폐지될 수 있다. 성공회는 이렇게 성서와 이성과 전통의 긴장 관계를 통해서 교회사에 나타나는 극단적인 주장과 오류를 피하는 '중용'의 정신을 구현했다고 평가된다.

성공회는 일정한 예배 양식을 따르는 전례적 예배를 드린다. 성공회의 전례에서 가장 중요한 것은 성찬례(Eucharist)이다. 성공회 성찬례의 구조는 입당 예식, 말씀의 전례, 성찬의 전례, 파송 예식으로 되어 있다. 말씀의 전례에서는 교회력에 맞추어 배열한 성서읽기표에 나오는 성서 말씀을 제1독서(구약성서), 제2독서(서신서), 시편(성시), 복음서로 나누어 읽는다. 성공회의 성찬례는 사제와 주교가 집전하고 설교나 강론을 하며, 교구로부터 설교 면허를 받은 일반 신자도 설교를 할 수 있다. 주교의 인가를 받은 신자는 영성체시에 잔을 나누어 주는 '보혈 조력'을 할 수 있고, 신자는 전례 시에 성서 독서를 한다.

영국성공회의 한국 선교는 다음과 같다. 1890년 9월 29일 영국

성공회 선교사가 인천항에 도착하여 서울과 경기도 그리고 충청도 지방에서 주로 성공회 선교를 시작하였다. 대한제국 개화기에 신교육을 보급하기 위하여 각지에 학교를 설립하고, 인천, 여주, 진천 등지에 병원을 설립하였으며, 수원과 안중에는 보육원을 개설하였다. 유사한 시기에 전래된 장로교, 감리교 등과는 달리 적극적인 전도보다는 사회 선교와 기독교 신앙을 실천하는 것에 무게를 두었다. 대한성공회는 1980년대 후반 이후에 도시 빈민 선교 기관인 '나눔의집'을 중심으로 사회 선교 운동을 전개했고, 지금도 나눔의집협의회 등을 설립해 다양한 사회 선교를 활발히 펼치고 있다.

대한성공회는 선교 초기부터 한국 문화를 존중하고 그 토양 깊이 뿌리를 내린 교회를 추구하여 기독교 토착화에 힘썼다. 1965년에는 대한성공회 역사상 처음으로 한국인 주교 이천환 주교가 성품되어 서울교구장이 되었다. 1993년에 대한성공회는 캔터베리 대교구 관할에서 벗어나, 세계성공회 독립 관구가 되었다. 초대 관구장은 김성수 주교였다. 2001년에는 대한성공회 부산교구의 민병옥이 사제로 서품되어 첫 여성 사제를 배출했다.

현재 대한성공회는 서울, 부산, 대전에 교구를 두고 있고, 교육기관으로는 성공회대학교 등이 있다. 수도 단체로는 성가수녀회, 성분도 수녀회, 성 프란시스 수도회와 미국성공회 선교사 출신인 대천덕 신부가 세운 예수원이 있다.

개신교

개신교는 이름에서 알 수 있듯 '새롭게 개수한' 종교로 가톨릭에서 분파된 종교이다. 16세기에 처음 등장했으므로 세계의 주요 종교 분파 가운데서 연령이 매우 어린 신흥종교 축에 속한다. 영미권에서는 일상생활에서 공식 명칭인 개신교(Protestant)보다 Evangelical이라는 단어를 많이 사용한다. 이는 미국에서 복음주의 교파의 교세가 강하기 때문이다.

사실상 가톨릭은 중세기부터 쇠약하기 시작했다. 교황의 막강한 권력과 면죄부 문제로 교황청의 부패가 극도에 달하며 기독교의 암흑기를 맞이하게 되었다. 점차로 기독교가 새로이 거듭나야 한다는 사상이 나타나면서, 결국 가톨릭에 대항하는 종교개혁 운동이 일어나게 되었다. 특히 독일과 스위스에서 그 첫 발걸음을 내디디면서 조직적인 종교개혁 운동이 시작되었다. 1517년 Martin Luther가 교황청을 향해 Wittenberg 교회 문에다 95개 조항의 반박문을 내는 가 하면 John Calvin과 John Knox가 종교개혁 운동을 벌이면서 개혁장로교의 기초를 만들어 놓기 시작했다. 더 나아가서 영국에서는 Henry VIII가 자기의 이혼 문제로 인해 가톨릭의 지배를 뿌리치고 새로운 영국교회인 Anglican Church 즉 성공회(Episcopal Church)를 탄생시키는 주역이 되었고 뒤를 이어서 John and Charles Wesley를 중심으로 Methodist 운동이 시작되었다.

그런가 하면 가톨릭에서도 신교의 종교개혁에 대항해서 1545년 Trent 공의회를 열어 다음과 같이 중대한 선언을 했다. 가톨릭교회의 전통은 성서와 마찬가지로 진리를 수호하는 권위를 가지게 된다. 그리고 가톨릭교회만이 성서를 해석할 수 있는 유일한 권리를 가진다고 하면서 Protestant를 반박했다. 더 나아가서 이 공의회에서 7가지 성례를 발표하였는데 1) 세례(Baptism), 2) 견진성사(Confirmation), 3) 고해성사(Penance), 4) 성찬례(Eucharist), 5) 기름부음(Extreme Unction, Anointing the sick), 6) 결혼성례(Marriage), 7) 안수식(Ordination) 등이다. 그리고 1854년에 가톨릭교회는 다시 마리아의 죄 없는 순결한 임신을 말하는 Immaculate Conception을 공식화했다. 그러나 가톨릭교회의 7가지 성례 중에서 기독교(Protestant)는 세례와 성찬식만을 인정하고 있다. 무엇보다 가장 중요한 문제는 교황무오설(Papal Infallibility)이다. 1869년 가톨릭교회는 교황은 하나님의 말씀을 대언하는 사람으로 그의 말은 여하를 막론하고 조금도 흠이 없다는 선언이다. 특히 교황에 일단 선출되면 어떤 상황에서도 죄를 짓지 않는다는 교리이다. 이 교황무오설이 가톨릭교회와 성공회 그리고 동방정교회 및 Protestant를 갈라놓는 근본 원인이라고 할 수 있다.

가톨릭교회가 또 한 가지 중요한 결정을 한 것은 1958년 non-Catholic 교회에 관한 것이다. 지금까지 Protestant의 종교개혁 운동으로 신교와 관계가 멀어졌던 Catholic이 Non-Catholic Christian도 true Christian이라고 선언한 것이다. 그 후 교황의 이 중대한 선언을 1962년과 1965년 Vatican 공의회에서 재확인하였다. 이 Vatican 공의회에서는 유대인들이 예수 그리스도를 십자가에 처형한 것에 대해서 아무 죄가 없다고 선언했고 점차적으로 가톨릭교회가 동방정교회와 성공회 그리고 Protestant 교회들과 대화를 시작하는 발판을 만들었다.

19세기에 들어와서 개신교의 선교 운동이 활발하게 전개되고 20세기에 들어와서 Ecumenical 운동이 본격적으로 시작되면서 신교 상호 간의 화해와 협력으로 연합 선교 운동의 기초가 마련되었다. 특히 세계교회협의회(World Council of Churches)의 탄생은 가톨릭교회에 대응해 신교의 교파들을 하나로 묶는 중요한 창구가 되었다. 이러한 Ecumenical 운동은 또한 각 교파들의 협력을 위해서 그들이 가지고 있는 교리를 최소화하는 데 많은 도움이 되기도 했다. Ecumenical 운동이 본격화되면서 교회 간의 연합 운동이 활발해지자 자연적으로 신학적으로도 상당히 자유화되는 경향이 생기게 되었다. 이런 가운데 자연적으로 보수 계통의 교회들이 교회와 신학의 현대화에 반기를 들기 시작했다. 소위 근본주의자들이라고 알려진 교회들이 각 구의 교회협의회(NCC)와 세계교회협의회(WCC)를 비난하고 나섰는데 그들의 이유는 교회의 세속화 운동 때문이었다. 그들은 성서의 자유 해석을 반대하고 성서의 무오류성을 강조한다는 입장을 고수했다. 그들은 특히 예수 그리스도의 신성과 동정녀 마리아에게서의 탄생 그리고 육체적 부활을 강조하면서 어떤 형태의 자유주의적인 신학적 해석을 전적으로 반대하는 운동을 전개했다. 이러한 근본주의 운동에서 가장 앞서서 활동한 그룹이 흔히 알려진 복음주의자 즉 Evangelical인데 이 Evangelical 운동이 힘을 얻어 미국뿐 아니라 세계적인 운동으로 발전해 나아가기 시작했다.

1. 기독교 5대 종교의 특징

일반적으로 가톨릭을 포함한 기독교는 어느 종교보다도 종교적인 면은 물론 정치, 문화, 사회 등 각 방면에서 상당한 영향력을 가진 종교로 알려져 있다. 그리고 기독교는 그 믿는 신조나 교리 등이 광대하며 다양하다. 그러나 한 가지 공통점은 예수 그리스도는 하나님의 아들이시며 구세주이시고 더 나아가서 완전한 하나님이시고 완전한 인간으로 만민을 구원하시기 위해서 성육신하셨다는 사실은 어느 종파를 막론하고 인정하는 신학이요 신앙의 원칙으로 받아들이고 있다.

개신교의 탄생에 관해서 프린스톤 신학교 구약학 교수인 Anderson 교수와 다른 신학자들은 다음과 같이 설명하고 있다. 예수 그리스도는 주전 4년경에 베들레헴에서 태어났고 갈릴리의 나사렛에서 성장했다고 주장한다. 성경은 물론 초대교회 시대 문서들은 예수 그리스도는 목수인 아버지 요셉과 그의 아내 마리아의 장남으로 태어났다고 기록했다. 마태와 누가의 기록에 의하면 예수는 성령에 의해서 잉태되고 동정녀 마리아에게서 태어났다고 기록하고 있다. 일부 기독사학자들은 예수는 6명 중에 장남이었을 것이라고 주장하기도 한다. 이 주장을 가톨릭교회에서는 기정사실로 믿고 있다.

예수 그리스도의 부모들은 당시에 평범한 유대인들이었기 때문에 예수는 당연히 유대교회당에서 주관하는 학교에서 집중적으로 교육을 받았을 것이고 아버지에게서 목수 일을 배웠을 것이라고 기독사학자들은 주장하고 있다.

예수는 그가 12살 때 예루살렘회당에서 율법 선생들과 율법에 대한 토론을 가졌으며 그가 율법에 대한 비상한 관심과 종교에 대한 상당한 지식을 가지고 있었음에 틀림없다. 그러나 성경은 이에 대해 자세한 내용을 전하지 않고 있다. 예수는 그가 약 30세경에 그의 사촌인 요한으로부터 요단강에서 세례를 받고 천국복음을 가르치기 시작하며 공생애를 시작했다. 예수는 세례를 받은 후 유다광야에서 40일간 금식을 하며 시험을 받고 장차 그가 해야 할 사역에 대하여 계획을 세웠을 것이라고 신학자들은 생각하고 있다.

예수는 40일간의 금식을 마치고 열두 제자들을 택하시고 갈릴리와 유다 등지에서 말씀과 치유의 사역을 시작하셨다. 그의 사역은 일반적으로 하나님의 아들로써 말씀을 통한 천국복음사역을 하는 것과 아울러 가난하고 불쌍한 사람들의 치유사역을 균형 있게 하는 것이었다.

그의 치유사역은 많은 사람들을 놀라게 했으며 특히 '오병이어 기적'의 사건은 점차적으로 예수가 자기 백성들을 구원하기 위해서 하늘에서 오신 그리스도 메시아가 아닌가 생각하기에 이르렀다. 베드로가 예수는 그리스도시요 살아계신 하나님의 아들이라고 신앙고백을 하게 됨으로써 더욱이 그가 그리스도이심을 인정하기 시작했다고 볼 수 있다.

예수 그리스도의 가르침은 두 가지다. 하나님의 사랑과 인간에 대한 사랑이다. 예수는 천국이 가까웠으니 구원받기 위해서 죄를 회개하라는 것을 선포했다. 그의 가르침의 중심 내용은 역시 천국에 대한 것이었다.

예수의 천국복음 선포의 시작은 산상보훈에서 비롯된다. 이 산상보훈은 장차 천국 백성의 자격에 대한 가르침이었다. 예수께서 이 산상보훈을 선포하실 때 제자들은 예수께서 무슨 말씀을 하실까 궁금해서 하나둘씩 강연장인 산으로 모이기 시작했다. 예수의 첫 말씀은 천국에 대해서 알기를 원한다면 심령이 가난해야 되는데 이 뜻은 무엇보다 마음을 비우지 않으면 천국에 대해서 알 수 없다는 것으로 많은 사람을 대상으로 하였지만 무엇보다 예수가 누군가를 시험하기 위해서 온 서기관과 바리새인들에게 들으라고 하신 말씀으로도 생각된다. 예수 그리스도의 비유 중에 씨앗에 대한 비유는 천국을 소유하기 위해서는 사람들의 마음의 바탕이 중요하다는 것이다. 예수는 특히 악에 대하여는 미워해야 하지만 인간에 대한 사랑은 끊임없이 계속되어야 한다고 말씀하셨다.

윤리적으로 예수는 바리새인들이 강조하는 엄격한 율법보다 사랑의 원리를 가르치셨다. 예수는 우리에게 온몸과 마음과 정성을 다해 주 너희 하나님을 사랑하라, 이것이 첫째 되는 계명이오. 둘째는 네 이웃을 네 몸과 같이 사랑하라는 두 가지의 계명을 주신 것이다. 특히 탕자의 비유를 말씀하시면서 사랑의 본질이 무엇인가를 보여 주셨다. 예수의 천국복음의 가르침과 기적의 사건은 유대 지도자들을 점점 당황하게 만들었다. 특히 그의 특수한 가르치심에 대한 회의와 많은 유대 백성들이 그를 따르기 시작하자 유대 지도자들은 당시의 로마의 유대 총독인 본디오 빌라도 힘을 빌려 예수를 십자가에 못 박게 하였다. 성경은 예수가 3일 만에 부활했고 40일 동안 제자들에게 나타나셨고 제자들이 보는 가운데 승천하셨다고 기록하고 있다.

그 후에 제자들은 마가의 다락방에 모여 기도할 때 오순절날 일제히 성령체험을 하고 더 나아가서 그들은 전과 달리 자신 있게 다시 사신 예수를 증거하기 시작했고 특별히 베드로가 예루살렘 광장에서 다시 사신 그리스도와 천국복음을 전할 때 3,000명 이상이 회개하고 세례를 받는 기적의 사건이 일어나기도 했다. 점차로 제자들이 복음 전선에 나가기 시작했고 베드로와 야고보는 예루살렘 교회의 지도자로서의 책임을 감당하게 되었다. 예수님은 동시에 이방인에게도 복음을 전하기 위해서 유대의 법통으로 알려졌으며 크리스천들을 핍박하는데 앞장서던 사울을 사도로 선택했다. 사울 사도는 후일에 회개하여 주님의 종이 되면서 사울에서 바울로 바꾸어 복음 전선에 나서게 되었다.

사도 바울은 그가 로마에서 순교할 때까지 일생을 주님을 위해 헌신했으며 그가 기록한 바울 서신 14편은 신학의 기본이 되었고 기독교의 신앙을 가장 체계적으로 정립한 신학자가 되기도 했다. 더욱이 그의 공로는 유대교에서 기독교로 개종하는 다리 역할을 한 것이라고 말할 수 있다. 그의 또 하나의 공로는 이방인들도 예수 그리스도를 믿음으로 받아들여 구원의 대상이 될 수 있다는 근거를 제시한 점이다.

기독교가 자리를 잡기 시작하면서 초대기독교 시대 학자들은 어떤 문서들이 공식적으로 성경을 구성하는 정경에 해당되는지를 토론했고 주후 367년에 알렉산드리아의 감독이면서 신학자인 Athanasius가 어떤 문서들이 정경에 속하는가에 대한 의견을 부활절 메시지에서 발표했다. 그 후에 몇 번에 걸쳐 기독교 공의회가 모여 의논을 거듭하여 정경을 만들기 위한 목록을 작성하기 시작했다. 또 한편 초대교회 시대는 삼위일체론 등 기독론에 대하여 잘 정리가 되어 있지 않았고 체계화되지도 않았다. 이렇게 기독론의 기초가 세워지지 않은 상태에서 다양한 신앙의 형태와 이단이 횡행하기 시작하였는데 특히 주목할 만한 이단으로 영지주의(Gnostics)가 나타나서 초대교회를 어지럽혔다. 이 영지주의의 논리에 의하면 영은 선하고 육은 악하다. 따라서 예수는 육체로 태어나지 않았기 때문에 완전히 인간이 될 수 없고 예수의 육체 부활은 있을 수 없다는 것이다. 그리고 영지주의가 주장하기를 여호와는 전지전능하지 않고 제한된 하나님이므로 여호와를 창조주 하나님으로 믿는 기독교인이나 유대인들이 말하는 구약은 온전하지 못해서 거룩한 말씀으로 인정하지 못하겠다는 것이다. 영지주의는 중동의 많은 종교의 신앙 체계를 기초한 혼합주의 사상이요 철학이다.

또 한편 이 영지주의를 반대하는 초대교회 신학자들도 있었다. 초대교회 시대 교부이며 신학자이며 Lyons의 감독인 Irenius(c. 185 A.D.)는 이 영지주의에 대항해서 예수는 참하나님이요 참사람이라고 말하며 예수는 육체를 가지고 부활했다고 주장했다. 점차로 시간이 흘러 기독교 초대교회 시대에 신앙과 신학을 정립하기 위해 사도신경이 채택되고 신약성경이 정경화되는 운동이 일어나기 시작했다. 그 후에 신학의 논리가 체계 있게 정립이 되기 시작한 것은 St. Augustine(354~430 A.D.)이었다. 그는 최초로 원죄, 인간의 타락 그리고 예정론에 대하여 자기의 의견을 써서 발표하기 시작하였다.

신앙과 신학이 체계화되어 가면서 경건주의와 금욕주의 그리고 수도원 운동이 시작되기 시작했다. 수도원 운동을 통해서 Scholar 주의가 탄생하였고 본격적으로 많은 신학자들이 신학의 정립에 힘을 기울이기 시작했다.

또 한편 Catholic에 대항하는 종교개혁 운동의 하나로 성공회의 탄생이 16세기 독일의 루터와 스위스의 츠빙글리(Huldrych Zwingli)와 칼뱅(Jean Calvin)의 종교개혁 운동에 이어서 나타나기 시작했다. 가톨릭이 교회의 전통을 중요시하고 또 교회의 우두머리로 교황을 전적으로 받드는 것을 반대할 뿐 아니라 더 나아가서 영국은 헨리 8세가 자기의 이혼을 허락해 주지 않는 것에 불만을 품고 1534년에 수장령을 내려서 영국 국교로 성공회를 창립하고 스스로 수장이 되었다. 그는 형식상 캔터베리의 대주교 제도를 만들어 형식상 수장을 하게 하였다. 그리고 앞으로 성공회의 모든 교회는 성공회에 속해 있으나 모든 교회의 행정과 예식은 국가마다 다른 형태를 유지하고 자율적으로 시행되게 하였다.

또 한편 개신교改新敎 또는 프로테스탄티즘(Protestantism)은 16세기 서방교회 개혁 찬성파인 교회의 개혁가들의 종교개혁을 통해 생겨난 기독교의 한 전통이다. 11세기 교회 대분열로 공교회(보편교회) 중심이었던 지금의 동방교회에서 서방교회가 분리되었고, 이후 16세기 서방교회 내에서 종교개혁 운동의 '반대파'인 가톨릭과 '찬성파'인 개신교가 분리되었다. 이후 기독교의 가장 주된 종파는 동방교회와 서방교회에서 정교회, 가톨릭, 개신교회로 형성되었다. 종교개혁으로 탄생한 정통적인 프로테스탄트는 루터교, 장로교, 개혁교회, 성공회가 있다. 감리교, 오순절교회, 성결교회 등은 추후에 생겨났다.

16세기 서방교회의 사회, 정치적 문제로 인한 개혁, 즉 종교개혁 요구에 대하여 찬성파와 반대파로 나뉘었고, 서방교회의 종교개혁을 찬성하고 주도한 성직자들이 '개신교회'로, 서방교회 종교개혁을 반대하고 기존 제도를 지지한 성직자들은 '가톨릭교회'로 양분되었다. 개신교는 초창기에는 특정 교파를 중심으로 이해하기 보다는 복음을 다시 회복하고 복음을 교회의 중심에 두고자 하는 변혁 활동으로 서방교회 내부의 기독교 운동이었다.

유럽 지역에서 유럽 본토인 독일과 프랑스, 스페인 지역에서는 개혁 반대파 전통 고수의 교황중심주의자들이 개혁 찬성파들의 주장을 지적하여 '복음주의자'로 칭했으며, 현재도 유럽 본토에서 복음주의 교회는 개신교회 전체를 의미한다. 영국 등 유럽 지역에서는 가톨릭이 복음주의를 내세우는 교회들에게 항의하면서 모든 항의 운동에 참가하는 교회와 교인들을 항의자라고 말하면서 그 명칭으로 '프로테스턴트(protestant)'라고 하였다. 아이로니컬하게도 현재는 프로테스탄트하면 개신교회 전체를 의미하는 단어로 사용되고 있다.

　개신교회의 전통은 종교개혁을 전개하는 과정에서 복음주의를 바탕으로 하는 온건적 개혁과 급진적 개혁의 주장이 등장하였다. 온건적 개혁의 '개선주의' 신학과 급진적 개혁의 '재건주의' 신학의 흐름이 운동이 전개되는 과정에서 점차 구분되었다. 종교개혁 초기 시절에 초대교회와 공교회의 전통을 따라 서방교회의 전통의 잘못을 개선하고자 하는 개선주의 신학으로 루터를 따르는 루터교회가 형성되었다. 초대교회와 공교회 전통을 강조하며 서방교회의 전통에서 벗어나고자 하는 재건주의 신학에서 츠빙글리, 칼뱅 등을 통해 개혁교회와 급진적 재건주의인 재세례파교회가 형성되었다. 이후 개선주의 신학적 교단으로 루터교회를 필두로 성공회, 감리교회, 성결교회, 구세군교회, 오순절교회 등이 형성되었다. 재건주의 신학적 교단으로 개혁교회, 장로교회, 침례교회, 회중교회, 퀘이커교회, 메노나이트교회 등이 형성되었다. 오늘날의 주요 교단 형성의 신학적 배경 이외에도 시대적인 신학적 흐름과 변화인 청교도 운동, 경건주의, 오순절주의, 미국의 대각성(운동) 같은 흐름들도 모두 개신교 전통에 포함된다.

　이처럼 정교회나 가톨릭에 비해 다양한 흐름들이 공존하고 서로 영향을 주며 분류/합류되는 과정을 거쳐 왔기 때문에 개신교 내의 교파 분열의 역사와 신학 논쟁을 살펴보는 것은 매우 복잡하지만, 대체적으로 성경의 권위에 대한 존중, 믿음으로 구원을 얻는다는 이 신칭의 교리에 대한 동의, 수직적이고 계층적인 성직 구조나 정치제도보다는 만인제사장설을 따르는 성직 이해와 그에 따른 교회제도인 감독제(루터교회, 성공회, 감리교회 등)와 원로제(개혁교회, 장로교회 등), 회중제(회중교회, 침례교회 등)의 다양한 교회 제도를 채택하였다. 성서에 나오지 않는 성례전에 대한 반대(천주교회는 세례, 성체, 고백, 견진, 혼배 등 7개, 개신교의 성례전은 신약성서에 나오는 성만찬, 세례 2개이며 그 외는 예식임) 등의 공통점을 갖고 있다.

　개신교회의 신앙고백은 믿음의 새로운 조항을 만드는 것이 아니라 성서 안에 증언된 복음에 대한 믿음을 고백하는 방법이므로 서방교회의 신학적 기반과 보편교회 신학적 전통을 성서에 비추어 올바른 교리와 제도를 재조명하였고 서방교회 전통 중 성경에 따르지 않는 조항은 폐기하였다. 초대교회와 보편교회의 신앙고백과 서방교회 전통 중 개신교 신앙고백에 따라 새롭게 조명된 교회 전통과 새롭게 형성된 교회의 역할을 개신교회의 전통으로 본다. 교회 구조 이해, 성찬식의 변화, 교회학교, 성경 연구, 사회운동에서 사회제도까지 범위가 넓어질 수 있다. 여기서는 종교적 사안인 교회 전통으로만 좁혀서 종교개혁 신학과 교회 구조, 성찬 예식, 성직자 이해,

성경 연구만을 범위로 살펴본다.

1) 종교개혁 신학과 교회 구조

개신교회의 등장으로 서방교회에 계급적 교회 구조에서 공교회 구조의 재조명, 새로운 구조의 교회가 등장하였다. 계급적 획일성을 벗어난 다양성을 지닌 기독교 교회가 나타났다.

공교회 구조의 재조명, 서방교회 즉 로마교회의 절대적 계급주의의 교회 구조에서 벗어났다. 종신제가 아닌 감독(주교)과 대감독(대주교)이 임기제인 연합 구조의 교회 조직을 강조하는 공교회 구조로 재조명하였다. 초기 종교개혁 교단이었던 루터교회와 영국성공회는 전통적 공교회 제도를 수용하며, 절대적 대감독(대주교)이 아닌 연합적인 공교회(보편교회) 구조의 교회로 되돌아가도록 노력하였다. 이는 이후 등장한 감리교회나 구세군, 오순절교회에서도 감독들은 임기제로 선발되고, 공교회 감독의 임무를 따라 수행하는 초대교회의 구조를 재형성하고자 하였다. 새로운 교회 구조로 원로 구조의 교회가 등장하였다. 원로나 장로를 선발하여 그 중에서 신학을 공부하고 소명이 있는 이가 목사의 역할을 하는 원로 구조의 교회 구조가 칼뱅에 의해서 형성되기 시작했고, 개혁교회와 장로교회, 성결교회, 오순절교회 일부 등에서 이를 따라 교회 구조를 형성하였다.

그 밖에 회중 제도의 교회도 형성되었다. 영국성공회의 정부 중심 제도적 교회가 공교회적이지 못하다는 이유로 더욱 신도들의 모임인 회중을 중심으로 해야 한다는 주장에 따라 회중을 중심으로 회중 가운데 원로 또는 장로를 선발하여 목사의 역할을 맡기는 구조의 회중 제도 교회가 시작되었고, 회중교회, 침례교회, 그리스도교회 등이 이런 구조를 따른다.

2) 성찬 예식

개신교의 공통적 예식 가운데 성찬은 매주 또는 매달 한 번 이상 행하는 예배이다. 그리고 성찬을 성도의 모국어로 집례하였다. 기독교 예배에서 가장 중요한 요소로 말씀의 성례와 함께 성찬의 성례는 예배의 핵심적인 요소이다. 공교회 전통을 되살린 개신교회의 성찬은 동일한 성도인 성직자와 신자가 함께 마주보며, 매주 빵과 포도주를 함께 나누는 예전이 되었다. 공교회의 성찬에서 멀어졌던 서방교회의 기존 성찬은 11세기 이후 교황과 직계를 이루는 계급적 성직자로 이뤄진 로마교회에서 계급적 방식으로 변화하였고, 철저한 성직자 중심의 예식으로 변화하였다. 종교개혁 이후에도 천주교회의 성찬 예식은 제2차 바티칸 공의회 이전까지 '예수를 대신(alter Christus)'하는 행위가 사제에 의하여 십자가만 바라보는, '신전의식(코람 데오)' 형식으로만 신자들과 함께 봉헌되었고, 집례 도중에 몇 차례만 성도를 향하였다.

　개신교회의 성찬은 성도와 성직자가 동등하게 참여하고 나누는 상시적 예전으로 회복하였다. 종교개혁 시기인 16세기부터 개신교회의 성찬은 성직자와 성도가 알아듣는 해당 지역 언어로 진행하였고, 빵과 포도주를 함께 나누어 먹고, 성찬 예전을 거행하는 동안에도 성직자는 예배당 십자가를 등에 지고 성도들 향해 서서 성찬 예전과 축사를 하였고, 마칠 때까지 성도들을 바라보았다. 이는 개신교회의 전통이 되어 성찬 탁자에 십자가가 놓이고, 포도주와 빵이 놓이는 모습의 개신교회 성찬대의 모습이 형성되었다. 다양한 형식의 성찬 예전이 풍성하게 발전하였고, 성찬 관련 목회신학적 접근이 가능하게 되었다.

　개신교회는 종교개혁 이후부터 성찬을 회복하기 위해서 16세기 참으로, 실재로, 또 실체적으로 현존하시는 주님의 몸을 모시는 천주교회의 성찬 방식을 거부하고, 복음을 전하는 예배로서 성찬과 성도의 요청에 의해 성찬 예전을 상시적으로 거행해야 한다고 생각하였다. 따라서 개신교회의 대부분 교단은 성찬을 한 달에 한 번 이상을 요구하며, 매주 거행할 것을 요구하는 교단도 있다. 이로 인해 성찬의 변화와 예배의 새로운 변화가 발생하였고, 예배당만이 아니라 성도들이 있는 곳에서 성직자가 언제나 거행할 수 있는 예배가 되었

다. 현재도 개신교회의 일부 교단에는 성도들이 성찬을 요청할 경우
에는 성직자는 성찬이 포함된 예배를 함께 드려야 한다는 규정이 있
다.

　가톨릭은 이런 개신교회의 성찬 예전의 변화를 인식하고, 수용하
였다. 19세기 제1차 바티칸회의에서 매주 성찬을 교회법으로 정하
였다. 천주교회는 20세기 제2차 바티칸회의에 와서야 성찬에서 성
도들을 바라보는 '군중을 향하는(coram populo)' 형식으로 변경하
였고, 라틴어가 아닌 모국어를 사용하도록 규정했다.

　3) 성직자의 이해

　개신교회의 성직자는 목사이다. 성직자의 이해는 10세기 이전부
터 서방교회에서 16세기 종교개혁 전에는 귀족과 유사한 지위를 누
렸으며, 성도와 성직자는 엄격한 계급적 관계로 인식하였다. 하지만
개신교회의 성직자인 목사는 만인제사장의 정신에 따라 성도와 평
등적 관계의 시각에서 시작된 성직자 이해이다.

　개신교회는 교회 내 계급적 관계를 반대한다. 성직자인 목사는 동
일한 성도로서 그 직분은 거룩한 사명이라고 인식한다. 이 사명에
대한 관점이 교단마다 차이가 있으나 성도와 목사는 계급적 관계가

아니라, 현대적 개념으로 설명하면 면허나 직무 자격의 차이로 인식한다. 온건적 만인제사장 개념의 공교회주의를 따르는 교단들에서는 병원의 의사처럼 일정한 과정과 시험, 수련으로 의사만이 치료를 하는 면허를 지니는 것처럼 목사의 면허를 지닌 것으로 본다. 급진적 만인제사장 개념의 개혁주의를 따르는 교단들에서는 목사는 변호사처럼 전문적 자격을 획득하는 자격을 지닌 것으로 인식한다. 이는 절대적 신분제도를 거부하는 평등적 관계를 전제로 하며, 하나님 앞에서 누구나 동등한 하나님의 성도이며, 똑같은 피조물임을 밝히는 성직자 이해이다.

4) 성경 연구

서방교회는 16세기까지 성경과 교회 전통에서 교회 전통을 강조하는 신학적 견해를 보였다. 교리와 칙령에 따라 규정된 규범을 따른 교회법이 뿌리를 두는 전통을 강조하였다. 공의회 등지에서 결의된 사안이었기에 초대교회부터 전해지는 역사적 성경 해석이 교황의 해석과 그를 따르는 교회 학자의 해석과 교리를 따르는 알레고리 성경 해석에게 대부분 대체되었다.

개신교회는 성경과 교회 전통에서 성경을 중심으로 하는 역사적 성경 해석을 발전시키고 이를 주축으로 하는 서방교회의 문을 열었다. 절대적인 것은 인간이 아니라 복음이라는 종교개혁의 전통적 복음주의 사상을 뿌리로 한다. 따라서 개신교회는 성경을 기존 교리신학, 즉 조직신학적 측면으로 접근하지 않고, 교리의 증빙 자료 측면으로 접근하지도 않았다. 성경 자체가 전하는 복음을 찾고자 성경 저자의 의도와 작성된 시대, 시대 배경, 본문의 구조 등을 연구하여 성경이 직접적으로 전하는 복음의 내용을 찾고자 하였다. 이러한 연구로 교리신학의 일부였던 성경 연구가 구약신학과 신약신학으로 발전하였다. 문헌과 본문 연구, 역사적 배경, 문체, 구조를 연구하는 다양한 성경 연구 기법이 나타났으며, 깊이 있는 현대의 성경 해석, 성경 주석의 핵심적 이론과 방법이 개신교회의 성경 연구에서 비롯되었다. 현대의 천주교회의 일부 연구와 정교회의 대다수의 성경 연구 역시 개신교회가 형성한 성경 연구 기법을 바탕으로 이뤄지며, 다양한 연구 교류가 교파를 넘어 이뤄지고 있다.

개신교를 뜻하는 '프로테스탄트(Protestant, 항의자)'라는 용어가 처음 사용되기 시작한 곳이 독일의 슈파이어(Speyer)이다. 슈파이어 의회(Diet of Speyer)의 목적은 루터의 종교개혁을 지지하거나 추종자를 압박하기 위한 것이었다.

개신교의 주요 교리는 예수 그리스도의 복음을 그리스도의 의도대로 회복하여 교회를 올바른 그리스도의 몸이 되도록 하는 신학적 배경을 지닌다. 기존 왕권적 교회 구조주의가 아니라 그리스도 복음을 중심으로 하는 교회 구조를 따르고, 복음이 기록된 성경을 따라 하나님이 준 인간의 이성과 경험, 그리스도 몸으로서 기독교회의 전통을 회복하고자 하였다. 그리고 회복한 교회는 그리스도의 몸으로 하나님 나라를 경험하게 하고, 복음 안에서 복음을 따르는 믿음과 사랑, 소망을 지닌 그리스도를 닮은 인간을 형성하고자 한다. 이 기본적 교의를 실천하기 위한 개신교 교파별 이해가 있으며 폭넓은 시도와 노력이 이뤄진다.

2. 개신교 주요 교파

종교개혁 때부터 지금까지 이어져 내려오는 개신교 교파로는 마르틴 루터의 사상을 따르는 루터교, 장 칼뱅의 신학을 따르는 장로교, 메노나이트·퀘이커·아미시파 등의 재세례파, 가톨릭주의를 계승하면서도 영국에서 칼뱅주의를 받아들이며 국교회로서 독립한 성공회 등이 있다. 영국에서는 성공회의 종교개혁과 예복 사용 등의 제도에 집중된 성공회의 종교개혁(즉, 초기 영국 성공회의 가톨릭적인

면)에 반대하며, 오직 성서만의 권위를 인정하는 청교도들의 종교개혁 운동이 등장했으며, 이들 청교도 운동에서 회중교회와 침례교회가 발전했다. 18세기 들어와서는 계몽주의가 발전하고 교회의 형식화 및 세속화가 진행되는 가운데, 믿음의 실천을 강조하는 감리교가 성공회 사제 존 웨슬리에 의해 파생되었다. 감리교가 미국으로 건너가면서 청교도 신앙과 결합되어, 성결교, 오순절교 등이 새로 생겨났다. 이외에도 여러 신앙적 실천 및 신학의 문제에 따라 구세군 등 여러 가지 교파로 갈라졌다.

　기독교가 여러 교단의 분립으로 혼란을 겪는 가운데 신복음주의 운동이 새로이 전개되었다. 이 운동은 또 하나의 복음주의 운동으로 불리며 19세기 유럽의 진보적 신학에 대립하는 보수주의 운동에서 시작되었다. 이들은 자신들을 진정한 개신교회의 복음을 전하는 의미에서 ‘복음주의자’라고 자칭하여서 개신교회의 종교개혁 사상을 따른 전통적 ‘복음주의’와 구분하기 위해 ‘신복음주의’라고 부른다. 신복음주의는 반지성주의, 기독교 근본주의의 문제를 주장하는 보수적 기독교계의 움직임에 견제하는 흐름이 되기도 했다. 개신교계의 에큐메니컬 운동에 대한 입장과 전혀 달랐던 신복음주의 계열 교회들과 교인들의 연합체인 세계복음주의연맹(WEA)가 결성되고 1974년 로잔회의에서 신복음주의적 그리스도인의 사회 선교를 강조하는 로잔언약이 선포되었다. 결과로는 모든 교회의 연합을 선호하는 에큐메니칼 소속의 교회들과 보수적 복음주의를 강조하는 세계복음주의연맹(WEA)에 가입하는 교회로 양분되게 되었다.

주요 개신교 교파는 다음과 같다. 1) 루터교, 2) 개혁교회, 3) 장로교 4) 침례교, 5) 감리교, 6) 성결, 7) 오순절교회, 8) 구세군, 9) 회중교회 10) 재침례파(메노나이트, 퀘이커, 아미시) 등이다.

1) 루터교 : 16세기 종교개혁 운동으로 가장 먼저 성립된 루터교는 성서 이외에는 다른 어떠한 권위도 두지 않는다는 점을 강조한다. '오직 성서만으로, 오직 믿음만으로, 오직 은혜만으로(Sola Scriptura, Sola Fide, Sola Gracia)'라는 세 가지 원리는 루터교를 떠받고 있는 기둥이다. 루터교에서는 평신도들이 단상에 올라와 설교를 하거나 성만찬(Holy Communion, 성체와 보혈을 나누는 잔치)을 성직자들과 함께 베풀기도 한다. 성만찬을 제외한 전례가 로마가톨릭의 미사전례와 유사하며, 종교개혁 시대에 분리된 루터교는 비슷한 시기에 분리된 장로교와 더불어 다섯 솔라 정신을 공유한다. 아우크스부르크 신앙고백이 주요한 신앙과 기본 교리의 고백과 기준으로 여겨진다. 루터교의 세계적 교인 수는 약 7,000만 명이다. 현재의 루터교는 초기의 분리주의와 달리 독일에서는 에큐메니컬 운동에 앞장서는 대표 종파로 알려지고 있으며, 특히 가톨릭교회와 공동으로 많은 연합 사업을 펼쳐 나가고 있다.

2) 개혁교회 : 개혁교회의 시작은 장 칼뱅이 스위스에서 종교개혁을 일으켰던 개혁교회 시대로 올라가며, 지역에 따라 영국에서 발전된 장로교와 달리 유럽 대륙(주로 네덜란드)에 발전하였다. 개혁교회에서는 신앙고백의 문서로 하나되는 세 고백서인 도르트신조와 네덜란드 신앙고백, 하이델베르크 요리문답을 사용한다. 장로교와 같이 칼뱅주의에 연원을 두고 있으므로 둘의 차이는 거의 유사하다. 장로교와의 차이는 설교나 가르침에서 교리를 강조하고 신앙고백 문서를 적극적으로 활용하며, 예배에 있어 개혁주의 모범을 따르는 점과 개혁주의 교회론에 따라 진정한 교회에 대한 순수한 복음의 선포, 성례의 합당한 시행, 죄를 처벌하는 권징 등 3가지와 '선포된 말씀'인 설교와 '세례와 성찬'이라는 성례가 있어야 한다고 보는 점이다.

3) 장로교 : 장로교회의 시작은 장 칼뱅이 스위스에서 종교개혁을 일으켰던 개혁교회 시대로 올라가며, 이는 지역에 따라 나뉘었다. 장로교회는 스코틀랜드의 존 낙스(John Knox)에 의해 확립되었다. 선거에 의해 선출된 장로가 목사를 보필하는 장로제에서 그 이름이 연유한다. 신학적으로는 종교개혁 시대에 체계화된 개혁주의를 표방한다. 다섯 솔라를 핵심 교리로 인정한다. 영국 청교도 정부에서 채택된 웨스트민스터 신앙고백과 대소 요리문답이 성경과 함께 중요한 신앙과 기본교리의 고백과 기준이 된다. 대한민국에서는 개신

교회의 절반 정도의 신자들이 포함되어 국내 개신교 신자들 중 가장 많은 수가 이 교파에 속해 있다. 대한예수교장로회(통합), 대한예수교장로회(합동), 대한예수교장로회(고신), 대한예수교장로회(호헌), 한국기독교장로회 등으로 나뉘어 있다. 초기 장로교 선교사들 중 사무엘 무어 선교사는 조선 사회를 평등하게 바꾸는 마중물 노릇을 하였다. 마이클 무어 선교사가 목회한 승동교회에서 열린 관민공동회에서 나뭇가지는 쉽게 꺾지만, 한 다발은 꺾지 못한다는 비유를 들어 입헌군주제와 민족의 일치를 외친 연설로 유명한 백정 박성춘 장로가 교인들의 민주적인 선거로써 장로로 선출되었다. 박성춘 장로의 아들인 박서양 선생을 비롯하여 여러 장로교도들은 이후 사회 변혁과 독립운동에 기여했다.

4) 침례교 : 침례교(浸禮敎, baptist)는 재침례파 및 청교도 신앙의 영향으로 형성된 개신교의 한 교파이다. 침례교는 예수에 대한 믿음을 고백한 후, 신약성경에 근거하여 물에 완전히 잠기는 침례를 주장하기 때문에 침례교회라는 교단 명칭을 갖게 되었다. 침례교는 (영아가 아닌 즉, 모태신앙 부정) 신앙인의 침례와 믿음만으로 이뤄지는 구원을 비롯해 성경을 신앙과 실천의 유일한 원칙으로 삼고 있으며, 자립적인 지역 교회를 그 특징으로 갖고 있다. 그렇다고 해서 침례교가 교리가 없이 무조건 자유롭다고는 할 수 없으며 침례교 자체적으로 신앙고백서가 존재하고 대부분 완화된 칼뱅주의적 성격을

가지고 있다. 침례교는 일반적으로 복음주의 노선을 지향하며, 직제는 목사와 집사가 있다. 역사신학자들에 따르면 1609년 암스테르담에서 영국인 분리주의자 존 스미스를 목사로 한 침례교회가 최초의 침례교회라고 한다. 신약성경에 근거해 스미스는 영아의 침례나 세례를 거부했고, 신앙에 대한 구체적인 고백이 있는 이들에 대해서만 침례를 주었다. 이러한 자유교회운동은 영국으로 퍼져, 칼뱅주의를 기초로 하는 특수침례교인(Particular Baptists)들과, 알미니안주의를 기초로 하는 일반침례교인(General Baptists)들이 생겨났는데, 영국침례교는 일반적으로 칼뱅주의를 기초로 하는 개혁파 혹은 특수침례교(Particular Baptists)적 성향이 두드러졌다. 그 외에 침례교로 분류되는 교회로는 제칠일침례교 등이 존재한다. 1639년 로저 윌리엄스는 미국에 최초로 침례교회를 설립하였고, 미국의 자유정신은 침례교회의 자유정신과 유사한 점이 있었고, 침례교회가 성장하는 기초가 되었다. 특히 1700년대 중반의 대각성 운동 이후 미국의 침례교회는 감리교회와 더불어 증가하기 시작했다. 현대 미국에서 성서무오설을 강하게 주장하는 기독교 근본주의 및 세대주의의 주체이기도 하다. 2000년을 기준으로 세계의 침례교인 수는 약 1억 5천만 명으로, 특히 미국의 개신교에서 교세가 가장 큰 교파는 세계 최대의 개신교단인 남침례회(Southern Baptist)이다.

5) 감리교 : 감리교회(Methodist Church)는 18세기 영국 성공회의

사제 존 웨슬리(Rev. John Wesley)의 복음주의 운동, 사회 선교, 전도 활동으로 등장한 개신교 교파이다. 그리스도인의 성화를 개인 영역에서 그치지 않고 '사회적 성화'를 강조한 것이 특징이다. 전 세계적으로 약 8천5백만 명이 넘는 신자가 있으며, 성경을 중심으로 한 이성, 전통, 체험을 기독교의 근간으로 이해하는 복음주의적이며 경건주의적인 신학 입장을 지녔다. 신학적으로는 개선주의 노선의 공교회주의이며, 웨슬리의 사상을 중심으로 초기 교회 전통을 비판적으로 수용하고 있으며, 교회 구조적으로도 공교회(보편교회)의 제도인 감독제 교회를 구성하였다. 지역을 중심으로 한 지방회의 감리사, 대규모 구역인 연회에 감독이 있는 교회구조를 가졌다. 감독은 연회의 성직자를 안수하고, 연회를 인도해 주요 의사결정을 내린다. 현재의 전 세계적으로 알미니안주의 측에서 폭넓은 신학적 토양을 제공하였으며, 특히 영미에서 개인 구원과 사회 구원 활동을 전개하고 있다. 폭넓은 신학적 역량으로 다양한 개신교 교파가 감리교 영향 하에 설립되었다. 성결교, 제칠일안식일예수재림교, 오순절교, 구세군 등이 감리교의 신학적 영향을 받았다. 한반도에 상륙한 첫 개신교 선교사가 감리교 선교사인 아펜젤러였으며, 아펜젤러는 인천광역시 중구 신포동에 내리교회를 지었다. 결과적으로 대한민국 교계의 상당수는 장로교와 함께 감리교가 차지한다.

6) 성결교 : 성결교는 19세기말 미국 감리교에서 존 웨슬리의 '그

리스도인의 완전' 가르침을 강조하며 형성된 교파로서, 20세기 초 미국에서 활발하게 전개되던 성결 운동에서 그 유래를 찾을 수 있다. 중생, 성결, 신유, 재림 4가지를 4중 복음으로 내세우고 있으며, 그중 성결을 가장 강조한다. 성결교 신학의 배경에는 우선 개신교를 바탕으로 두고 있기에 개신교의 복음주의와 그 당시 시대적으로 19세기에 있었던 성결 운동, 그리고 웨슬리의 신학적 배경이 되었던 알미니안주의를 들 수 있다. 성서무오설을 강력하게 주장하는 기독교 근본주의의 영향도 많이 받았다. 한국의 성결교 전파는 1901년 미국인 카우만이 일본에 설립한 동양선교회에 의해 이루어졌으며, 1907년에 한국에 대한 선교가 본격화되면서 독립 교파가 되었다. 1962년에 에큐메니컬 운동에 대한 입장 차이로 인하여 다시 기독교대한성결교회와 예수교대한성결교회로 분리되었다.

7) 오순절교회 : 한국에서 대표적인 오순절파로는 하나님의 성회(The Assembly of God)가 있다. 20세기 초 미국에서 일어난 오순절 운동은 성결 운동에 참여한 교인들이 성령세례의 체험과 방언 현상을 경험하게 되는데, 성령세례에 반드시 방언이 동반되어야 함을 강조함으로 성결 운동에서 독립하여 오순절 교단을 만들게 되었다. 성령세례와 방언과 함께 성경의 절대무오성, 믿음을 통한 병 고침, 예언의 은사 등 종교적 신비주의 체험과 선교를 강조한다. 대한민국에서는 여의도 순복음교회가 유명하다. 기독교대한하나님의성회

에 속한 대부분의 교회 이름에 '순복음교회'를 사용하고 있어서 통상 순복음교회로 불리기도 한다. 또한 조용기 목사의 동생인 조용목 목사(은혜와 진리교회)가 따로 만든 예수교대한하나님의성회도 있다. 2007년 이 교단들의 통합이 추진되었으나 특별법을 문제로 무산되어 현재는 기독교대한하나님의성회, 기독교대한하나님의성회(여의도순복음), 기독교대한하나님의성회(통합)로 나뉘게 되었다. 현재 세계하나님의성회 총회장은 조지 우드(George Wood)이며 전 세계 6,800만 신도를 가지고 있다.

8) 구세군 : 구세군(救世軍, 영어: The Salvation Army)은 1865년 영국의 감리교 목사인 윌리엄 부스와 그의 아내인 캐서린 부스가 창시한 개신교의 한 교파이다. 성직자를 사관, 신학교를 사관학교, 교인을 병사 또는 군우라고 부르는 등 군대식의 조직을 가진 특색 있는 기독교이다. 기독교인은 이웃들에게 빵과 복음을 전해야 한다는 윌리엄 부스의 사상에 따라 구세군에서는 복음을 전파하는 전도와 사회적 약자를 섬기는 사회 봉사 모두 실천하고 있다.

9) 회중교회 : 회중교회(Congregational church) 또는 조합 교회는 회중주의적 교회 운영을 실천하는 개신교 교회이다. 회중교회에서는 각 회중이 독립적이며 자율적으로 자신의 모임을 운영하며, 많은 회중교회는 자신들이 회중교회의 전통을 이어받았다고 주장한

다. 또 버마 선교사로 유명한 아도니람 저드슨은 회중교회 전통에서 자랐으나 인도 선교사인 윌리엄 캐리의 영향으로 개혁파 침례교 신자가 되었다. 미국 회중교회는 이후 그리스도인교회(the Christian Churches)와 1929년 연합하여 그리스도인회중교회(Congregational Christian Churches)를 설립하기까지 미국 최대 개신교 교단으로 존속하였으며 미국의 문화, 사회 그리고 정치의 기초를 만들었고, 이들을 통하여 현재의 미국이 세워지게 되었다. 새로운 국가와 사회를 건설하기 위하여 이들은 교육에도 깊은 관심을 두었으며 하버드 대학교(Harvard), 예일 대학교(Yale), 윌리엄스 대학(Williams College) 등 미국 내 유수대학들이 이들에 의해 설립되었다. 이들은 특별히 뉴잉글랜드(New England) 지역에서 교회를 확장하였으며 1957년 복음주의 개혁교회(Evangelical and Reformed Church)와 연합하여 오늘의 미국 연합 그리스도의 교회(United Church of Christ)를 설립하게 되었다.

10) 재침례파 : 재침례파(Anabaptist)는 16세기 종교개혁 당시 근원적 개혁을 따른 개신교 종파를 가리킨다. 그 사상을 이어받고 있는 현대의 교파들로는 아미시파, 후터라이트, 메노나이트 등이 있다. 전 세계적으로 120여만 명의 교인들이 있으며, 대한민국에도 재침례파교회가 한 곳이 있다. 여기에서의 재침례파는 주로 16세기 근원적 종교개혁자들을 가리킨다. 이들은 유아세례뿐만 아니라 로

마가톨릭교회에서 받은 세례도 무효이기 때문에 그런 사람들은 다시 침례를 받아야 한다고 주장했고, 여기서 그 이름이 유래한다. 유아세례를 반대하는 교파들은 침례교도 역시 마찬가지이나 그렇다고 해서 그것을 무효라고 주장하지 않는다. 대다수 기독교 교파에서는 침례가 죄의 용서와 구원의 의미가 있기 때문에 사람이 일생 한 번만 받는 것이라고 가르친다. 그러나 재침례파는 이에 반대한 것이다.

재침례파의 역사는 그 사상을 반대하는 사람들과 옹호하는 사람들에 의해 왜곡되어 있는 것이 현실이다. 그 근원이 일원이냐 다원이냐에 대해서도 이견이 있다. 소수이기는 하나 재침례파야 말로 초대교회의 사도적 전통을 계승하였다고 주장하는 사람들도 있다.

지역적으로 구분하면 스위스 형제단(Grebel, Manz), 네덜란드 및 프리시안 재침례파(Menno Simons, Dirk Philips), 그리고 남부 독일 재침례파(Hübmaier, Marpeck)로 구분할 수 있다.

역사학자와 사회학자들은 더 나아가 급진적 재침례파와 평화주의 재침례파로 나눈다. 급진적 재침례파는 '새 예루살렘'을 땅 위에 건설하기 위해 폭력 동원을 인정했다. 급진적 재침례파로 인해 발생한 사건이 뮌스터 반란이다. 그에 반해 신약성서에 근거한 비폭력주의를 주장하는 평화주의자들은 메노나이트(Mennonites)의 기원이 된다. 다시 말해, 원래 메노나이트의 기원은 네덜란드 로마가톨릭 교회 신부인 메노 시몬스(Menno Simons)는 "어떻게 그리스도인이라 자부하는 자가 영적인 무기는 내려두고 세속적인 것을 취하는 것에 하나님의 말씀이 부합하겠는가?"라고 반문하며 평화주의자의 지도자가 되었는데, 그의 추종자들을 그의 이름을 따서 메노나이트라 부르게 되었다. 메노는 신약성서의 가르침에 따라, 폭력에 반대하는 비폭력주의를 주장하였다. 한 번 받은 세례(특히 유아세례)를 무효라고 주장하는 교리로 로마가톨릭교회와 개신교 여러 교단에게 이단으로 취급되어 1600년까지 무려 1만여 명의 순교자들이 생겼다.

재침례파(재세례파)의 신조는 다음과 같다. (1) 전쟁, 다툼, 폭력을 반대하는 비폭력주의, (2) 종교와 국가의 분리, (3) 평등과 사랑의 실천을 통한 제자도(그리스도의 제자로서의 삶)의 실천, (4) 유아세례 반대, (5) 거룩한 삶과 형제애의 실천, (6) 믿음을 통한 구원의 강조.

재세례파 중에 퀘이커교도가 있다. 퀘이커(Quaker)는 17세기에 등장한 개신교의 한 갈래이다. 친우회(형제들의 단체, Society of Friends)란 뜻을 가지며, 퀘이커라는 이름은 '주님 앞에서 떤다'는 조지 폭스의 말에서 유래했다. 1650년대에 영국의 조지 폭스(George Fox)가 제창한 명상 운동으로 시작되었다. 창시자 조지 폭스는 19세에 집을 나와 4년간의 구도 여행을 통해 펜들 힐(Pendle Hill)이라는 산에서 환상을 보며 그리스도의 진리를 깨달았다고 한다. 퀘이커는 영국 정부에 의해 탄압받았으나, 퀘이커 신도 윌리엄 펜이 불하받은 북아메리카 식민지 영토에 도시(現 미국 펜실베이니아)를 세움으로써 종교적 자유를 허용 받았다. 유명한 퀘이커 교도로는 미국 대통령 닉슨이 있다.

3. 세계 개신교 조직

2024년 기독교 인구 종합 보고서에 의하면 전 세계 개신교 신자 수는 약 6억 명 정도다.

- 오순절교회 : 2억 8,000만 명
- 침례교회 : 7,500만 명~10,500만 명
- 루터교회 : 6,500만 명~9,000만 명
- 감리교회 : 8,000만 명
  아프리카 감독 감리교회 : 500만 명

● 개혁주의 교회 : 5,500만 명~8,000만 명

칼뱅주의

스위스 개혁교회 : 240만 명

네덜란드 개신교회 : 230만 명

● 장로교회

장로교회(미국) : 180만 명

장로교회(한국) : 500만 명

● 회중주의교회

그리스도연합교회 : 120만 명

● 재세례파 : 350만 명

메노나이트, 아미시, 퀘이커 등.

그리스(희랍)정교회

콘스탄티누스 대제가 주후 330년에 로마의 수도를 로마에서 콘스탄티노플(현 이스탄불)로 옮기면서 서로마와 동로마로 나누어지게 되었다. 서로마의 총대주교는 점차로 교황의 명칭을 얻어 독자적으로 가톨릭교회를 통치하게 된 것이다. 반대로 동로마에서는 콘스탄티노플을 중심으로 동방정교회가 생겨서 콘스탄티누스 총대주교가 다스리게 되었다. 그러나 콘스탄티누스 총대주교는 교황의 명칭을 사용하지 않았다. 나중에 동방정교회는 그리스를 중심으로 그리스정교회 그리고 러시아를 중심으로 러시아정교회가 콘스탄티노플로부터 독립하게 되었다. 러시아정교회가 독립된 이후 대부분의 동유럽정교회는 러시아 정교회의 막대한 영향을 받고 있으며 특히 중앙아시아의 카자흐스탄, 우즈베키스탄 그리고 키르기스스탄은 러시아의 분교회와 마찬가지로 형식상 존재하고 있다.

그리스에 있는 동방정교회는 정교회 공동체의 독립 교회 가운데 하나이다. 희랍정교회라고도 한다. 교회법적으로 사목 지역은 발칸 전쟁(1912년~1913년) 이전의 그리스 영토에 국한되어 그리스는 초대교회 시대부터 기독교의 중심지 가운데 하나였다. 콘스탄티노폴리스 총대주교구가 설정된 이후, 그리스 지역 교회는 콘스탄티노폴리스 세계 총대주교의 재치권을 받고 있었으나, 1833년 정치적 결정에 따라 그리스정교회는 콘스탄티노폴리스 세계 총대주교로부터 독립하여 자치 교회가 되었다. 그리스정교회의 독립은 1850년 콘스탄티노폴리스 세계 총대주교의 승인으로 공식적으로 인정되었다.

그리스인들의 동방정교회에 대한 확고한 충성은 그리스 독립 전쟁 기간 중에 제정된 1822년 그리스 헌법 초기에 이미 그리스 민족의 독자성을 증거하는 가장 대표적인 특징으로 기술된 것을 통해 알 수 있다. 뒤이어 제정된 모든 그리스 헌법의 서문은 "거룩하시고, 동일한 본질을 지니심과 더불어 서로 분리될 수 없으신 삼위일체의 이름 아래"라는 문구로 시작하며, 그리스도의 동방정교회는 그리스의 주요 종교로 확립되어 있다는 내용이 간략하게 명시되어 있다.

또한 그리스정교회의 성직자들은 정부로부터 교사들과 거의 비슷한 수준의 봉급과 연금을 지급받았다. 또한 교회의 기본 수입에서 35%의 세금을 국가에 냈지만, 2004년에 통과된 법은 이 세금을 폐지했다. 그리스 국내에서 사실상 국교로서의 지위가 인정받고 있기 때문에 교회 행정과 관련된 사안에 있어서 그리스정교회의 교회법은 그리스 정부로부터 인정받고 있다. 그리스 헌법에서 이와 관련된 조항은 '그리스 교회법'이라고 불리는 조항이다. 그리스정교회에서의 세례와 혼인은 법적 효력을 지니며, 관련 증명 서류들은 해당 성무를 집전한 사제가 발행하도록 하고 있다. 그리스의 모든 초등학교와 중·고등학교의 학생들은 종교 교육을 받고 있다. 교회와 국가 간의 문제를 다루는 그리스 정부의 부처는 교육종교문화체육부에서 담당하고 있다.

그리스정교회에서 법적 최고의 권위는 아테네 대주교를 중심으로 하여 수도 대주교의 직함을 가진 교구장 주교 전체가 모인 주교회의다. 주교회의는 교회의 쟁점이나 논의 등을 처리하는 기구이다. 상임 시노드(Synod)인 대회라는 기구도 있는데, 역시 관구 대주교를 의장으로 하여 12명의 주교로 구성되어 있다. 주로 교회의 재치권과 관련한 세세한 문제를 처리한다.

그리스정교회는 총 81곳의 교구로 구성되어 있다. 이 가운데 교구 36곳은 그리스 북부와 에게 해 북동쪽의 주요 섬들에 소재해 있으며, 표면상으로나 영적으로 콘스탄티노폴리스 총대주교의 재치권 아래 놓여 있다. 이들 교구의 주교들에게는 특별한 권한이 하나 있는데, 바로 그들 자체적으로 신임 콘스탄티노폴리스 세계 총대주교를 지명할 수 있다는 것이다. 이들 교구가 소재한 지역은 발칸 전쟁 이후부터 그리스의 영토로 편입되었기 때문에 '새 땅'이라고 불리며, 상임 시노드를 구성하는 12명의 주교 가운데 6명이 이 지역 주교들이다. 주교들은 자체적으로 선거를 통해 이 '새 땅'의 주교들 가운데 한 사람을 새로운 콘스탄티노폴리스 세계 총대주교로 선출하여 비준한다.

다른 모든 동방정교회와 마찬가지로 그리스정교회 역시 그리스 정부로부터 재정 지원을 받아 신학교를 운영하고 있다. 신학교를 졸업한 학생들은 보제로 서품되고 최종적으로 사제로 서품된다. 보제품을 받기 전에 혼인을 하는 것은 허용이 되지만, 보제품을 받은 후부터는 혼인을 할 수가 없다. 그리스정교회의 본당 사제 대부분은 기혼 사제이다. 성직자 대신에 수도 생활을 택하여 수사가 되는 경우도 있다. 신학교에서 박사학위를 취득하고 사제로 서품된 수사들은 주교품 또는 대수도사제 예비 후보자 자격을 갖게 된다. 여성들 또한 수도 서원을 하여 수녀가 될 수 있지만, 사제품을 받지는 못한다.

러시아정교회

　러시아정교회는 비공식적으로 러시아의 국교로 되어 있으나 러시아 정부의 지배하에 존재하게 되고 러시아 통치자들은 항상 러시아정교회를 필요할 때마다 이용했으며 특히 외교상 정상회담을 할 때에도 러시아 정부의 도구로 많이 이용되었다. 모스크바 총대주교좌를 보유하는 러시아정교회는 세계 정교회 가운데 가장 규모가 크다. 러시아의 기독교 교단 가운데 가장 큰 비중을 차지하며 신자 수는 약 9천만 명에서 1억 명 수준으로 추정한다. 2018년 콘스탄티누스 세계 총대주교좌와 성사 교류가 단절되었으나, 예루살렘, 세르비아, 안티옥, 조지아, 루마니아 등 여타 정교회의 지역 교회들과는 여전히 완전한 상통 관계를 맺고 있다.

　러시아정교회의 역사를 보면 주후 988년 그리스정교회의 선교로 블라디미르 1세가 세례를 받으면서 그 역사가 시작되었다. 다만 블라디미르 1세는 그리스도교를 공식적으로 공인했을 뿐이다. 그리스도교 신앙은 하층민과 고위층을 막론하고 이미 광범위하게 퍼져 있었다는 것이 정설이다. 초창기에는 평민들이 슬라브 다신교와 그리스도교가 혼합된 이중신앙을 가졌는데, 때문에 이런 슬라브 이교적 전통이 아직까지도 남아 있다. 1589년에는 콘스탄티노폴리스 세계 총대주교로부터 독립 교회의 지위를 인정받았다. 현재의 총대주교좌總大主敎座는 모스크바에 있다.

소련 치하에서는 수많은 아름다운 성당들이 파괴되거나 무신론 박물관 등으로 개조되는 수모를 겪고, 성직자들과 수도자들이 고초를 겪는 등 박해를 받았다. 이는 역으로 소련 붕괴 후 들어선 신 러시아 정부와 교회가 더욱 밀착하는 계기가 되기도 하였으며, 특히 블라디미르 푸틴 정부는 교회를 정치에 적극 활용하고 교회 역시 이에 순응하면서 비판과 논란이 벌어지기도 했다.

2018년 우크라이나정교회를 독립 교회로 인정하는 문제로 인해 러시아정교회가 일방적으로 콘스탄티노폴리스 세계 총대주교와 교류 단절을 선언함으로써 정교회의 분열이 시작되었다.

2022년 러시아의 우크라이나 침공을 계기로 러시아정교회 내 우크라이나정교회마저 본교와의 관계 단절을 선언했다. 2024년 우크

라이나 의회가 러시아정교회의 활동을 금지하는 법안을 의결하고
대통령이 서명했다. 다만 이 법안은 우크라이나 내에서 과도하다는
논란이 있어 일부 반대표가 나왔다.

정교회권 밖에서는 그레고리 달력을 따라 크리스마스를 12월 25
일로 정했지만 러시아에서는 율리우스 달력을 기준으로 잡는 정교
회 전례력에 따라 1월 7일이다. 다른 나라와 차이가 나지만 러시아
정교회는 바꾸지 않겠다고 밝혔다. 러시아 정교회 외에 율리우스달
력을 유지하기로 결정한 교회로는 예루살렘정교회, 조지아정교회,
세르비아정교회, 마케도니아정교회, 폴란드정교회, 아토스성산의
수도원들이 있다.

제3장

이슬람교(Islam)

기원

　이슬람교는 유대교와 개신교에 비해 가장 나중에 생겼으나 강압적인 선교의 영향으로 가톨릭 다음으로 크게 성장한 종교가 되었다. 이슬람교의 교인 수는 세계 인구의 24%인 19억만 명에 해당하며 지금도 어느 종교보다 급속히 발전하는 종교이다. 이슬람교는 유대교와 기독교를 모델로 모방하여 생긴 종교이다. 이슬람교 경전인 코란에 의하면 무함마드가 유일신 알라의 사도이자 예언자라고 되어 있다. 이 종교는 아브라함계의 유일신교로, 불교, 기독교, 힌두교와 함께 세계 4대 종교의 하나에 속하기도 한다. '이슬람'이라는 명칭은 아랍어로 복종·순종을 의미하며 이슬람을 믿는 신자는 남자일 경우에는 무슬림이라고 하고 여자일 경우에는 무슬리마라고 한다.

1. 이슬람교의 역사

　아브라함은 두 아들, 이스마일(이스마엘)과 이삭이 있었는데 그중 이스마일이 쫓겨나면서 현재 사우디아라비아의 메카에 도착했다고 한다. 이 이야기에 따르면 이스마엘을 보러온 아브라함이 그의 아들 이스마엘과 함께 메카의 카바신전을 건축했다는 설이다.

2. 이슬람교 창시자 무함마드

　이슬람의 성지聖地 메카는 아라비아 반도 중부, 홍해 연안에서 약 80km 지점의 불모지 골짜기에 위치하는 도시로, 인도양에서 지중해안에 이르는 대상로隊商路의 요지였다. 옛날부터 흩어진 유대인들이 살았으며 기독교 신자들도 로마교회의 탄압을 피해 아라비아에 거주하였다. 메카는 카바신전을 중심으로 아라비아 반도의 종교적 중심지였기에 매년 많은 대상과 순례자들이 몰려들었다. 메카의 지배계급은 5세기 말경, 부근 황야에서 온 쿠라이시족이었으며 무함마드는 그중의 하심가(Hashim家) 출신이다.

하심가에는 압둘 무딸립이란 사람이 살았는데 그에게는 열 명의 아들이 있었고 막내의 이름이 압둘라였다. 압둘라는 아미나와 결혼을 했는데 그 사이에서 무함마드가 태어난다. 무함마드가 태어나기 전 아버지는 죽었고 어머니 아미나도 메디나를 방문하고 돌아오는 중 병에 걸려 죽게 된다. 무함마드는 하녀의 손을 잡고 메카로 돌아와 할아버지 압둘 무딸립에 의해 자라다 할아버지가 죽자 삼촌 아부 딸립에 의해 양육된다. 삼촌 아부 딸립은 가난한 데다 딸린 식구들이 많아 무함마드는 어린 나이부터 삼촌 아부 딸립을 따라 시리아 지방으로 무역 대상을 떠나게 된다. 12세에 무함마드는 삼촌을 따라 시리아로 가게 되었는데 그곳에서 네스토리아(경교) 수도사를 만나게 된다. 그는 무함마드에게 장차 알라에게서 예언자의 징표가 올 것이라고 말했다고 코란은 지적하고 있다.

당시 아라비아 각지에는 유대인들과 소수 기독교인들이 거주하고 있었는데 유대인들과 기독교 신자들의 영향으로 일신론 사상이 아라비아 반도에 전해지긴 했으나 대부분은 여전히 다신교 신앙을 가지고 살고 있었다. 카바신전에는 360개의 우상들이 존재했다. 그 우상들은 '알라'로 가까이 다가가기 위한 중재자 역할을 담당하였다고 한다. 이 '알라'라는 호칭은 이슬람에서 매우 중요한데, 이 세상의 절대적인 존재 '신'을 의미한다. '알라'는 이슬람에서 유일한 숭배의 대상이다.

무함마드는 가난했던 삼촌 아부 딸립을 생각하며 수익성이 좋은 직업을 구했고, 삼촌 아부 딸립의 소개로 부자였던 과부 카디자의 고용인으로 들어가 그녀를 대신해 시리아 지방으로 대상 무역을 떠난다. 무함마드의 이 무역은 큰 성공을 거두고 현재의 시리아 지방의 특산품을 구해 메카로 돌아왔다. 카디자는 무함마드의 정직성과 신실함에 깊은 감명을 받고 15살이나 어린 무함마드에게 청혼을 하였다. 무함마드 25세, 카디자 40세에 둘은 결혼을 하였다. 부자였던 카디자와의 결혼은 무함마드에게 부와 명예를 주었고 무함마드는 삼촌의 재정적 어려움을 많이 덜어 주었다.

무함마드의 결혼 생활은 행복했으나 무함마드에게 불행이 닥치기 시작했다. 네 명의 딸은 잘 성장하였으나 그의 아들들이 유아 때 계속 사망한 것이다. 당시 아라비아 사회는 건장한(몸이 크고 굳센) 남자가 대상 무역을 떠나 성공하는 것이 영웅시 되던 때였기에 건장한 사내아이를 선호하였다. 무함마드의 부와 명예로 인해 사람들은 그와 좋은 관계를 가지고 있었다.

경제적인 부는 그에게 여유를 주었고 무함마드는 금식과 사색을 통해 진리를 찾기 시작했다. 그러던 어느 날 무함마드는 히라산 동굴에서 첫 계시를 받게 된다. 무함마드는 겁에 질려 집으로 돌아와 죽은 듯했는데 부인이었던 카디자가 무함마드를 진정시키고 자신의 삼촌이자 기독교인이었던 와라까에게 사정을 설명하였다. 와라까는 무함마드가 만난 것이 천사 가브리엘이었다며 무함마드가 하나님의 예언자라고 말하였다. 카디자는 집으로 돌아와 무함마드에게 삼촌이 말한 것을 모두 알려주었고 그의 예언자직을 인정하였다. 그리고 무함마드는 이슬람에서의 최초의 무슬림이 된다.

첫 계시를 받은 후 점차 무함마드의 양자들과 노예 그리고 친한 친구들이 무슬림으로 개종하였고 3년째 되던 해 무함마드는 자신의 친구와 친족을 모아 놓고 단일신 알라에 대한 믿음을 선포하게 된다. 하지만 친구와 친족들은 그를 비난하고 모욕하여 무함마드를 무시했다. 그러자 무함마드는 메카로 오는 순례객들에게 단일신 사상을 전하기 시작했고 메카의 카바신전을 지키며 순례객들로 수입을 얻었던 부족원들이 무함마드를 박해하기 시작했다.

무함마드는 AD 619년에 큰 슬픔을 얻게 된다. 첫 무슬림 신자이자 자신의 큰 후원자였던 부인 카디자가 죽은 것이다. 또한 자신의 방패가 되어 주던 삼촌 아부 딸립도 그해에 세상을 떠난다. 무함마드는 고통 속에서도 줄어들지 않는 박해와 핍박에 대항하기 위해 무슬림 공동체를 더욱 강하게 만들기로 결정하였다. 그러나 핍박은 더욱 심해졌고 이를 피해 622년 메카 북방 약 400km 떨어져 있는 메디나로 갔다. 신도들도 이때를 전후하여 메디나로 피난하여 그곳 협력자들(안사르)의 집에 수용되었다. 이 메디나 행을 이슬람에서는 '히즈라(이주)'라고 하는데, 이 해를 이슬람력의 기원으로 삼고 있다.

메디나에 도착한 무함마드는 과수원 땅을 사서 최초의 사원과 자신의 집을 지었다. 그리고 메카를 향해 하루에 다섯 번씩 알라는 위대하다고 암송하며 절했다. 무함마드는 메디나에서 선지자의 권위를 확립하고 아라비아 부족의 통일을 꿈꾸기 위해 종교적인 일과 세속적인 일을 구별하지 않는 형태의 이슬람 조직 체계가 필요하다고 판단했다. 즉 제정일치의 사회를 무함마드는 추구했다.

AD 628년 무함마드는 메카의 카바신전을 순례하러 가기로 결정한다. 그해 3월은 아랍에는 신성한 달로 전쟁을 하지 않는 것이 불문율이었지만 메카의 사람들은 무함마드가 전쟁을 하지 않을까 염려하여 그에게 2년에서 10년까지의 평화조약을 요구하였고, 무함마드는 이에 응한다. 그리고 2년 후 AD 630년 1만 명의 무슬림은 무기를 지니지 않은 채 메카로 향하면서 결국 메카로의 무혈입성을 이루어낸다. 메카로 입성한 무함마드는 '알라후 아크바르(신은 가장 위대하시다.)'를 외쳤고 무슬림들이 따라 외쳤다.

무함마드는 카바신전의 우상들을 다 부숴 버렸고 유일신 알라 외에 다른 신은 존재하지 않는다고 공포했다. 그때 메카의 모든 집에 있던 우상들이 다 파괴됐다. 무함마드는 메카에서 보름을 지내고 메디나로 돌아와 이듬해 아라비아 북서쪽 타북 지방으로 원정을 떠났다. AD 632년 무함마드는 메카의 카바신전을 참배하고 메디나로 돌아오던 중 심각한 열병에 걸려 죽게 된다.

무함마드 사후, 이슬람은 신도의 장로 중에서 교통敎統의 후계자인 칼리파를 선출하였다. 그 후 아라비아 반도 밖으로 진출하기 시작하여 633~664년 시리아·이라크·북부 메소포타미아·아르메니아·이란·이집트 등에 이슬람을 전파하고 여러 곳에 기지도시基地都市를 건설하였다. 그 후에도 이슬람 전파 사업은 계속되어 다시 711년부터는 이베리아반도를 침입하였고, 동쪽은 중앙아시아와 인도 북서부까지 그 지배력이 미쳤다. 그 후 프랑스의 중부까지 진출한 10세기에 들어서자 아랍인들 그리고 이란인이 중심이었던 이슬람 세계는 패권을 잡고 확고한 기반에 놓였다. 이때부터 서아시아의 이슬람화가 계속되자 그에 대한 반동으로 일어난 것이 11세기 말~13세기 말의 거의 2세기에 걸친 십자군 전쟁이다.

이와는 달리 또 인도에 세력을 뿌리내린 무슬림은 이곳을 기지로 하여 말레이시아·인도네시아·필리핀 방면에 선교를 하여 동남아시아의 이슬람화는 15~16세기에 광범한 지역을 차지하게 되었다.

한편 동아프리카에는 740년 무렵부터 이슬람이 퍼지기 시작하여 1010년경에는 사하라 사막을 넘어 수단 지방에 있는 흑인 왕국에까지 이슬람의 세력이 미쳤다. 한편 이베리아반도에서는 기독교도의 역정복이 진행되어 1492년에는 이슬람은 북아프리카로 후퇴하였다.

소말리아, 코모로, 지부티, 북오세티야 같은 일부 이슬람 국가를 제외하고는 국기에 빨강, 흰색, 초록, 검정만 넣는다. 빨간색은 국경을 넘어 아랍 세계를 이어주는 '혈연'을 상징한다. 흰색은 '정통 할리파(칼리파) 시대'를 상징한다. 초록색은 사막 지대에서의 번영을 상징하던 색으로, 최초의 시아파 국가인 파티마 왕조의 상징으로 쓰였다. 검은색은 아바스 왕조를 상징한다.

이슬람은 알라 이외에 다른 신은 없다고 믿는 유일신 종교이다. 이슬람 교리는 매우 단순하게 여겨질 만큼 명료하게 정립되어 있다. 이슬람 교리는 이맘(6가지 종교적 신앙)과 이슬람의 다섯 기둥(5가지 종교적 의무)을 기본으로 하며, 6신信5주柱라 부르기도 한다(혹은 6信5行이라 하기도 함). 개종을 위해서는 특정한 의식이나 재산의 희사 없이 신앙증언(샤하다)을 실시하면 된다.

이슬람교의 신앙

이슬람교는 6신5주(6信5柱)를 신앙의 신조로 받들고 있다.

1. 6신(6信)

6신(6信)은 무엇인가? 알라, 천사, 경전, 예언자, 최후심판, 정명 등 6가지 믿음의 요소들이다.

1) 알라(유일신)

알라의 유일성을 말한다. 알라가 만물을 창조하고 만물의 주인이며 전지전능하기 때문에 인간은 알라에게 절대적으로 복종해야 한다는 것이다. 이슬람교에서는 유대교의 여호와나 기독교의 하나님도 다 같은 유일신인 만큼 숭배하라고 권한다. 원래 '알라'라는 이름은 이슬람의 교주 무함마드의 부족인 꾸라이쉬 부족에서 섬기던 신의 이름이다. 당시 메카가 우상숭배의 중심이었는데 메카에서 섬겼던 우상의 수는 360개나 되었다. 그런데 무함마드가 메카를 장악하면서 존치되어 있던 360개의 신을 모두 없애 버리고 자신의 부족신인 알라만 남겨 오늘에 이르렀다.

이슬람의 유일신 알라는 기독교의 삼위일체 하나님과 다르다. 이슬람은 기독교 하나님의 삼위일체 되심을 부정하고 예수가 그리스도(메시아, 구세주) 되심을 부인한다. 이슬람은 기독교의 삼위일체 한 분 하나님을 각각 독립적인 별개의 세 신으로 정의한다. 예수 그리스도께서 육체로 오신 것을 시인하지 아니한다.

2) 천사天使

이슬람교의 교조 무함마드는 천사 가브리엘을 통해 알라의 계시를 받았다고 한다. 이슬람에서 이야기하는 천사의 역할은 다음과 같다.

⑴ 알라의 명령을 집행한다. 항시 알라의 옥좌 곁에 대기하면서 알라의 계시를 한 자도 빠짐없이 무함마드에게 전한다.

⑵ 지상의 인간 생활을 관장한다. 천사들은 천재지변을 일으키고 인간의 활동에 관여한다. 그리고 인간들의 행동을 일일이 기록했다가 최후 심판의 날에 결산한다.

무함마드가 알라에게서 받았다고 하는 계시는 알라에게서 직접 받은 것이 아니라 천사라는 메신저를 통해 간접 전달되었다는 것을 알 수 있다. 그렇기 때문에 엄밀하게 이야기하자면 무함마드가 받은 계시는 직접 계시가 아니라 간접 계시 성격이라고 볼 수 있는 것이다.

3) 경전

이슬람의 경전은 꾸란(코란)이며, 이는 예언자 무함마드가 천사 가브리엘로부터 받은 알라의 말을 기록한 것이라고 한다. 꾸란은 '읽다(카라아)'의 동명사로서 그 뜻은 '읽기'이다. 이는 무함마드가 받은 첫 계시가 "읽어라! 창조주이신 너의 주님의 이름으로."라고 시작하기에 붙여진 이름이다. 최근에는 '코란'이란 표기가 더 많이 쓰이고 있다. 꾸란에 '성사聖使'라는 단어가 잇는데 그 뜻은 '알라가 보낸 사람'을 말하며 무함마드를 가리키고 있다. 가장 중요한 경전으로 "모세오경", 다윗의 "시편", 예수의 "복음서", 무함마드의 "코란" 등 4부를 꼽는다. 이 중에서도 코란을 더 이상 없는 최후의 경전으로 지정한다. 코란은 교주 무함마드가 천사 가브리엘을 통해 받은 알라의 계시라고 말한다.

무슬림들은 성경이 오히려 변질되었다고 주장한다. 이점은 또한 많은 연구자들이 이슬람을 기독교 이단이라고 정의하는 근거가 된다고 할 수 있다. 그들의 성경 변질에 대한 주장이야 말로 크리스천과 무슬림들과의 대화를 가로막는 근원적 장애요인이다. 코란 내용의 78%는 성경의 영향을 받았다는 연구도 있다. 대부분이 성경의 내용을 왜곡하거나 불완전하게 가져가기는 했지만, 역설적이게도 이 지점이 무슬림들과 대화의 시작점이 될 수 있다는 사실은 선교 전략으로써 시사하는 바가 크다고 하겠다.

4) 예언자

이슬람에서는 종교의 창시자들을 비롯해 여러 민족이 배출한 예언자들은 모두 알라가 서로 다른 시기에 인간에게 보낸 사람들이기 때문에 그들을 믿고 존중해야 한다고 말한다. 코란에 의하면 알라가 인류에게 보낸 예언자가 총 12만4천 명이다. 그중 25명을 선발하여 거명하고 있다. 그중에서도 6명(아담, 노아, 아브라함, 모세, 예수, 무함마드)만이 예언자의 자격을 가졌으며 다시 그중 아브라함, 모세, 예수, 무함마드 4명만을 알라가 직접 파견한 사람(聖使, 라쑬룰 라)으로 우대하고, 그중에서도 무함마드를 마지막 예언자로 가장 우대한다.

이슬람에서는 예수의 신성, 즉 그리스도 메시아 되심을 인정하지 않는다. 예수의 동정녀 탄생, 십자가의 죽음, 부활 모두 부인한다. 예수는 십자가에서 죽은 것이 아니라 그렇게 보였을 뿐이라고 하거나, 다른 사람(가롯 유다)이 대신 매달렸다고 주장한다.

5) 최후심판

죽은 자들은 종말일에 부활하여 심판을 받은 후 천국이나 지옥으로 간다고 믿는다. 심판일에 부활한 사람들에 대하여 천사들이 각자의 행위에 관해 증언한다. 그 행위를 저울에 달아 칭찬을 받는 자는 오른손에, 영겁의 형벌을 받은 자는 왼손에 행위 기록을 받는다. 천사의 증언이 끝나면 양손의 경중에 따라 선악이 결정된다. 이렇게 해서 착한 사람은 천당에 가서 영원한 즐거움을 누리는 반면에, 악한 사람은 지옥에 떨어져 영원한 고통을 당한다고 한다.

그러므로 무슬림들은 현생에서 아무리 열심히 알라를 믿어도 사후에 자신이 천국에 갈 수 있을지 자신하지 못한다. 이것은 자신이

살아 있을 동안의 행실을 죽은 후에 선과 악의 저울에 달아 봐야만
알 수 있기 때문이다.

　한번은 교조 무함마드의 추종자들이 그에게 무함마드 본인은 죽
어서 천국에 갈 수 있느냐고 물었다. 그러자 그가 대답하기를 지금
은 알 수 없으며 자신도 죽은 후에야 알게 될 것이라고 대답했다. 이
이야기는 무슬림들은 교조인 무함마드를 포함해 그 누구라도 현세
에서 살아가는 동안 자신이 천국에 들어갈 수 있다고 자신 있게 대
답하지 못한다는 사실을 알게 해 준다.

　이슬람이 가장 높게 평가하는 믿음의 행위는 이슬람을 위해 싸우
다 순교하는 것, 곧 지하드이다. 그에 대한 보상으로 지하드를 하다
죽는 자는 최후심판을 거치지 않고 곧바로 천국으로 직행한다고 가
르치고 있다. 이교도들과의 싸움(지하드)에서 죽는 것만이 알라가 보
장하는 유일한 천국행 직행 티켓이라는 말이다. 코란에서는 지하드
를 명령하는 이 같은 '칼의 구절'이 109구절이나 반복되고 있다. 이
런 사실을 보면서 이슬람의 근저에는 피할 수 없는 폭력성이 깔려
있다는 것을 이해하게 된다. 이슬람은 경전인 코란의 가르침에 충실
하면 할수록 폭력에 수렴할 수밖에 없다는 필연적 속성을 갖고 있는
것이다.

그렇기 때문에 이슬람이 '평화의 종교'라고 하는 그들의 주장은 자신들 경전의 가르침과 배치되는 거짓 선전일 뿐이다. 이것은 거짓이라 할지라도 이슬람을 위해서라면 합법인 것으로 정당화해 주는 교리가 있기 때문에 이슬람의 모순과 거짓을 감추고 무마하는 신학적 보호막이 되고 있다.

6) 정명定命

기독교의 '예정'과 비슷한 점이 있는 개념이다. 이슬람교의 정명관을 종합해 보면, 인간 행위의 최종 목표는 경전의 가르침 속에서 알라가 정해준 대로 삶을 영위하고, 우주의 모든 현상이 알라의 의지에 따라 일어나며, 어떤 것이라도 알라의 지배를 받도록 예정되어 있으며, 인간은 알라에 대한 복종의 삶을 감수해야 평정을 얻고 사회의 평화를 확립할 수 있다고 이야기한다.

창조주께서 인간에게 부여한 가장 큰 권리는 '완전한 자유'라고 성경은 말해 주고 있다(예: 선악과 vs 생명나무). 사랑은 자유를 전제로 한다. 그러나 이슬람에서 인간의 자유의지는 인정받지 못한다. 무슬림들이 가장 많이 쓰는 말 중의 하나인 '인샬라(알라의 뜻대로)'라는 표현은 이 같은 '정명' 신앙에서 비롯된다고 할 수 있다.

그들의 경전인 코란에서는 신앙에 대해 일체의 질문을 금지하고 있다. '이슬람'은 '복종'이라는 의미이며 '무슬림'은 '복종자'라는 뜻을 가지고 있다고 한다. 교리의 가르침을 따라 무슬림들은 자신의 신앙에 대해 질문이 허용되지 않는다. 무조건 복종하고 따라야 할 뿐이다. 반면에 기독교 신앙은 하나님은 어떤 분이신지 수많은 질문에 대한 답변을 구하는 과정을 통해 그 믿음이 더욱 더 강화되는 특성이 있다고 할 수 있다. 이를 통해 이슬람에서는 인간의 사고와 자유의지가 어떤 방식으로 무력화되는지 알 것 같다. 이슬람의 '정명' 사상은 이 같은 교리와 무관해 보이지 않는다.

2. 5주(5柱)

이슬람교의 신앙신조로 5주가 있다. 1) 예배, 2) 종교부금 3) 금식, 4) 성지순례, 5) 기둥 등이다. 이 5주는 이슬람교 교도들이 의무적으로 지켜야 할 신앙신조들이다. 그리고 이슬람교도들은 매일 의무적으로 5번씩 신앙증언을 해야 한다. 이 신앙증언을 "샤하다"라고 한다. 그 내용의 일부는 다음과 같다. "알라 외에는 신이 없고, 무함마드는 알라의 사자使者이다."

이 증언은 단지 그저 마음속으로 믿는 것으로는 안 되며 반드시 소리 내어 행동으로 고백해야 한다. 다른 의무들은 상황에 따라 융통성을 보일 수 있지만, 이 증언사만은 절대로 미루거나 어길 수가 없고, 어떠한 경우에도 이 증언을 거부하거나 미루면 그 즉시로 무슬림임을 그만두어야 한다. 예배나 기도 때는 물론이거니와 갓난아이가 어머니에게서 듣는 첫마디가 이것이며, 비무슬림이 무슬림 지도자인 이맘 앞에서 이 증언사만 외우면 다른 절차 없이 곧바로 이슬람교의 입교자가 되며, 남녀가 이맘 앞에서 이 증언사를 한 번 따라 외기만 하면 그 자리에서 성혼되고, 대통령 취임사도 이 증언사로 시작한다. 무슬림들은 남용이라고 할 정도로 이 증언사를 입버릇처럼 흔하게 사용한다. 왜냐하면 샤하다(증언사)는 '천국을 여는 열쇠'라고 믿기 때문이다.

1) 예배(샬라)

하루에 다섯 번씩(새벽, 정오, 오후, 저녁, 밤) 일상 예배를 의무로 하고 있다. 한 번 절을 하고 일어서는 일정한 순서로 2-4회 정도 한다. 매주 금요일에는 주변의 사원에 함께 모여 집단적으로 드린다.

2) 종교부금(자카트)

개인의 재산은 알라로부터 잠정적으로 사용권만 넘겨받았을 뿐, 소유권은 알라에게 속하기 때문에 재산의 일부는 갹출해서 알라가 원하는 곳에 써야 한다고 말한다. 납부율은 일반 무슬림은 연간 수입의 2.5%, 곡물 10%, 그 외는 5%를 납부한다. 자카트는 일 년에 한 번씩 내는데, 오늘날은 정부 내에 자카트를 비롯한 종교기금을 전문적으로 관리·운영하는 기관을 두어 거둬들인다. 현재는 자유 헌납의 형식을 취하는 경향이 있다. 납부되는 자카트는 그 규모가 어마어마한 것으로 알려져 있다. 표면적으로는 빈곤한 자들의 구제에 사용된다고 하나 실제에 있어서는 전 세계적인 이슬람의 포교를 위해 막대한 자금이 사용되고 있다고 한다.

3) 금식(쇠움)

이슬람력 9월인 라마단 한 달 동안은 해 뜰 때부터 해 질 때까지 먹거나 마시는 것이 일체 금지된다. 이 달에 금식을 행하는 것은 알라의 첫 계시가 내려졌기 때문이라고 한다. 금식은 일찍이 무함마드가 "누가 알라를 위해 금식하면 알라는 그의 몸을 불지옥으로부터 70년 멀리하게 할 것이다"라고 하면서 금식은 알라에게서 '10배의 보상을 받는 선행'이라고 한 가르침을 따르고 있다.

4) 성지순례(핫즈)

성지 메카를 순례하는 것으로 실천 5주 중에 가장 힘겨운 실천 사항이다. 의무로 규정하고 있지만, 건강과 재정 형편이 허용되는 성년 무슬림들이 일생에 한 번만 해도 그 의무를 높이 평가하고 있다. 순례를 마친 사람은 이름 앞에 경칭 '핫즈'를 붙이는데, 이 경칭은 '대통령'이란 직함 앞에도 놓을 수 있는 지고의 직함이다.

5) 기둥

최근에는 성전聖戰이라고 불리는 '지하드'를 6번째 기둥으로 인정하는 경향이 있으며 시아파의 경우는 공식적으로 지하드를 6번째 기둥으로 받아들이고 있다. 그 외에 여섯 번째 기둥으로 간주되는 지하드 역시 교리로 인정된다. 지하드는 노력이라는 뜻의 아랍어로 신체가 건장한 무슬림이라면 누구나 수행해야 하는 의무이다. 이는 이슬람 공동체를 비이슬람 공동체로부터 지키기 위한 모든 수단과 방법을 의미한다.

이슬람만큼 종교적 믿음과 인간의 가치관이 밀착된 종교는 없다고 해도 과언은 아니다. 이슬람은 단순한 신앙체계가 아니라 정치·경제·사회·문화 등 사회생활 전반이 합일된 생활양식이라고 주장한다. 이런 이유로 사회적·문화적 관점에서 이슬람을 탐구한 많은 연구자들은 이슬람은 종교가 아니라 하나의 이데올로기라고 결론짓는다. 한편 마틴 루터 같은 초기 기독교 종교개혁자들에 따르면, 신학적으로는 이슬람을 기독교 이단이라고 정의하고 있다. 20세기 후반의 신학자들은 한 걸음 더 나아가 '이슬람은 기독교 이단이 아니라 기독교와 관련 없는 종교이며, 그러한 모순에 비추어 기독교와 어떠한 공통점도 없다'라고 하였다.

이슬람의 근본 교리는 "신은 알라 뿐이고, 무함마드는 알라가 보낸 사람이다"라는 한 문장의 신앙증언에서 출발한다. 이것은 어느 누구도 토를 달지 못하는 이슬람 교리 최상위의 절대적 전제사항이며, 이슬람교의 모든 신행信行은 이 함축적인 고백에서 출발한다.

3. 이슬람교의 선교

이슬람교의 선교는 아주 강권적이다. 이슬람교도들은 의무적으로 선교를 하되 선교의 결과를 회당인 모스크(Mosque)의 지도자에게 한 달에 한 번씩 보고해야 한다. 현재 선교 지역은 아래와 같다.

서아시아, 동아시아, 중앙아시아, 중국 서부(신장 위구르 자치구), 북아프리카, 러시아(주로 서부 지역), 카프카스, 인도, 방글라데시, 파키스탄, 말레이시아, 인도네시아 그리고 미주지역과 남미이다. 동남아시아는 과거 이슬람 상인들의 활발한 무역 활동으로 이슬람 신앙을 갖게 되었다.

유럽에서는 보스니아 헤르체고비나, 알바니아, 동러시아에 선교가 확장되고 그리고 농민들을 많이 필요로 하는 영국, 독일, 프랑스, 벨기에, 스웨덴, 네덜란드 등에도 선교가 확장되고 있다. 특히 프랑스와 스페인에서는 이슬람교가 제2의 종교 세력으로 취급받는다. 하지만 유럽의 무슬림들은 이슬람에 대한 편견, 무슬림에 대한 차별(취업, 교육) 등의 어려운 숙제를 풀어야 한다.

아메리카에서는 미국, 브라질에 이슬람이 극히 드물게 존재하며, 오세아니아에서도 선교가 활발하지 않다. 미국에서는 Black Moslem이 인종차별반대 사회 운동에 앞장서서 활동하고 있다. 실례로 유명한 흑인운동가인 말콤 X는 개신교 가정에서 태어났지만, 후에 개종한 무슬림이다. 또한 다른 미국의 흑인들도 선교에 열중인데 그중에 무하마드 알리(개종 전 이름은 카시우스 클레이)와 마이크

타이슨 같은 권투 선수들도 포함되어 있다. 이슬람교에서는 다른 종교와 달리 선교사를 따로 파송하기보다 각 이슬람교 가정들이 자발적으로 선교에 참여하도록 권장하고 있다.

이슬람교의 종파

이슬람교의 종파는 30여 개가 있는데 교리가 다 다르고 상반되는 것도 많다. 이슬람의 대표적인 종파로는 전체 무슬림의 80~90%를 차지하는 수니파(Suni)와 10-20%를 차지하는 시아파(Shia)가 있다. 발칸반도, 중앙아시아, 터키의 무슬림은 수니 무슬림들이 많다. 수니파 내에서 무슬림 모두는 동질 의식을 가지나, 타 종파 간에는 보이지 않는 불신이 있다. 무슬림이 이슬람 경전 '쿠란' 다음으로 중요시하는 예언자 무함마드의 언행록 하디스에 "오직 알라만이 불로 심판할 수 있다"는 내용이 있어 이슬람권에선 장례 때도 화장을 금지한다.

1. 이슬람교의 종파

1) 수니파(Suni)

이슬람교에서 가장 큰 교파는 수니파 이슬람교로, 거의 틀림없이 세계에서 가장 큰 종교 교파 중에 하나이다. 수니파 이슬람교도들도 '무함마드 전통의 사람들'이라는 뜻의 '순나'라는 이름으로 통한다. 수니파는 첫 네 명의 칼리프가 무함마드의 후계자라고 믿는다. 왜냐하면 신은 무함마드의 뒤를 이을 특별한 지도자를 특정하지 않았고 지도자들이 선출되었기 때문이다. 수니파와 관련된 당국자들은 이슬람교의 가르침에 따라 행동하는 한 정의롭고 정의로운 사람은 칼리프가 될 수 있다고 믿는다. 또는 수니파는 일반적으로 무함마드의 동료들이 이슬람 사안을 해석하는 데 신뢰할 수 있다고 받아들인다. 수니파는 전통에 기록된 코란과 하디스를 따른다.

2) 시아파(Shia)

시아(Shia)는 시아 알리(Shia Ali) 즉 '알리를 따르는 사람들'에서 나온 명칭이다. 시아파와 수니파의 큰 차이 중 하나는 '지도자·인도자'를 뜻하는 '이맘'에 대한 견해이다. 수니파에서 이맘은 코란을 독경하고 예배를 인도하는 정도의 사람을 가리킨다(전통적으로 이슬람은 신과 인간 사이의 중재자, 즉 '성직자'를 인정치 않으며 모든 신도가 직접 신앙의 힘으로 신과 소통할 수 있다고 믿는다). 그러나 시아파에서 이맘은 알리의 후계자이고, 코란의 신비를 밝혀 주어 신도들을 빛과 은총으로 이끄는 사람으로 격상됐다. 이란의 호메이니와 그 뒤를 이은 최고 종교 지도자 하메네이 같은 이들이 가장 최고위급의 이맘들이다.

희생과 순교를 중시하는 시아파는 이 지점에서 구세주 신앙과 만난다. 특히 알리 이후 열두 이맘의 시기가 지나고 마지막 12대 이맘이 873년에 사라졌다고 믿는 '열두 이맘파'에서는 메시아사상의 전형이 나타난다. 이들은 사라진 12대 이맘이 오랜 은둔에서 벗어나 언젠가 지상에 구세주로서 나타날 것이라 믿고 있다. 훗날 많은 이들이 구세주를 자처하면서 등장하기도 했다.

2. 이슬람과 기독교와의 공통점과 차이점

이슬람교와 기독교는 동일한 절대자를 숭배하며, 천국과 지옥으로 나타나는 사후 세계를 믿는다는 점이다. 그리스도의 업적과 성경을 존중한다는 점 등 많은 공통점을 지니고 있다. 그러나 이슬람교의 경우 기독교와 같은 원죄의식이 존재하지 않는다. 인간은 쓰이지 않은 책과 같아서, 사회 환경과 교육에 의해 악한 길로 빠져들 뿐 그 자체로는 선하지도, 악하지도 않은 존재로 본다. 또한 기독교가 주장하는 '대속'의 개념도 부정하는데 개인이 저지른 죄는 자기 스스로가 신에게 회개함으로써만 용서받을 수 있다고 생각한다. 같은 맥락에서, 아담과 이브는 순간적인 유혹에 넘어가 타락했지만 결국 용서를 구하고 구원받았다고 이야기한다. 즉, 카인과 아벨의 죄, 그리고 그 후손으로 끊임없이 이어지는 인간의 죄는 조상으로부터 물려받은 것이 아닌 그들의 잘못이라는 것이다. 이슬람은 기독교와 사실상 마찬가지로 그리스도를 위대한 예언자로 존중한다. 그러나 그는 어디까지나 신이 자신과 인간의 중재자로서 선택한 여러 예언자 중 하나일 뿐, 결정적인 예언자는 무함마드 한 사람이라고 본다. 성경역시 신의 말씀이 일부 들어 있다는 것에는 동의하나 그것은 세월을 거치면서 여러 성직자들에 의해 왜곡되고 변형된 측면이 많다고 본다. 결국 이슬람교도들이 가치 판단의 기준으로 여기는 것은 '코란'에 의해서다.

Origins of Judaism, Christianity, Islam

– With their Theological and Cultural Background

Samuel D. Kim

Sansanamu

by Samuel Dukhae Kim

Origins of Judaism, Christianity, Islam:
With their Theological and Cultural Background

Sansanamu
#302, 1146−1, Changdeokgung−gil, Jongno−gu, Seoul, Korea
+82+10.8208.6513
sansanamu22@hanmail.net

ISBN 979-11-996754-4-5 03200

KRW 16,000

My Beloved Julie, JB, Hyerin

| Acknowledgement |

The author is a Christian scholar specializing in world religions. He has previously written 13 books examining the backgrounds of various world religions.

The primary purpose of these 14th and 15th books is to explore the origins of Judaism, Christianity, and Islam. In addition, these books will also examine the theological and cultural background of these three religions.

Given the limited primary sources and vast and diverse secondary sources available for this research, this book attempts to summarize and simplify the content of these three religions as much as possible. It should also be noted that this book is not intended to be an academic text, but rather a work edited for easy reading by a general audience.

Originally, it was planned to edit two books, one in Korean and one in English. Instead, they were combined into a single book.

I am indebted to Dr. Charles McVety, my Christian brother and the president of Canada Christian College who encouraged me to write this book. I also wish to mention my sincere appreciation for the financial assistance provided by Dr. Charles Goodman Foundation which sponsored all my books including this book. I am particularly grateful to Dr. Jong kim, Provost and academic dean of Northeast Evangelical Seminary who edited this book.

Finally, I wish to acknowledge and thank my wife (In sook Lee) for her invaluable love and support throughout the writing of this book.

March 2026

Samuel D. Kim

Origins of Judaism, Christianity, Islam
- With their Theological and Cultural Background

Chapter 3 : Islam

Introduction

Origins of Judaism, Christianity, and Islam.

The world's three major religions trace their origins to Abraham of the Old Testament. However, the cultural background of these three religions are quite different. Judaism is rooted in Israeli culture, Christianity in Western culture, and Islam in the culture of the Middle Eastern peoples.

Chapter 1

Judaism

Origin

Judaism was not given by the Jewish people themselves, but rather by other religions. Judaism is an Abrahamic, monotheistic, ethnic religion that comprises the collective spiritual, cultural, and legal traditions of the Jewish people. Religious Jews regard Judaism as their means of observing the Mosaic covenant, which they believe was established between God and the Jewish people. Judaism is considered one of the earliest monotheistic religions.

Judaism as a religion and culture is founded upon a diverse body of texts, traditions, theologies, and worldviews. Among Judaism's core texts are the Torah and the Ketuvim which together compose the Hebrew Bible. In addition to scripture, Jewish religious texts include the Oral Torah, comprising the Mishnah and its commentaries, Gemara (Talmuds). The Torah is both a term and a set of teachings that are explicitly self-positioned as encompassing at least seventy and potentially infinite facets and interpretations. Judaism's texts, traditions, and values strongly influenced later Abrahamic religions, including Christianity and Islam. They also significantly influenced Western civilization as a key background element.

There are a variety of Jewish religious movements, most of which emerged from Rabbinic Judaism, which holds that God revealed his laws and commandments to Moses on Mount Sinai in both the Written Torah and Oral Torah. Today, the largest Jewish religious movements are Orthodox Judaism, Conservative Judaism, and Reform Judaism. Major sources of difference between these groups are their approaches to Jewish law, rabbinic authority, and Rabbinic literature, and the significance of the State of Israel. Orthodox Judaism maintains that the Torah is explicitly divine in origin, eternal, and unalterable, and that they should be strictly followed. Conservative and Reform Judaism are more liberal, with Conservative Judaism generally promoting a more traditionalist interpretation of Judaism's requirements than

Reform Judaism. A typical Reform position is that Jewish law should be viewed as a set of general guidelines rather than as a set of restrictions and obligations whose observance is required of all Jews.

Jews are an ethnoreligious group including those born Jewish and those who have converted to Judaism. In 2025, the world Jewish population was estimated at 14.8 million, although religious observance varies from strict to non-existent.

■ Origin of Judaism stems from the covenant of God with Abraham.

A large portion of the Hebrew Bible recounts the Hebrews' relationship with God from their earliest traditions through the Second Temple period (i.e., until roughly 70 CE, when the Temple was destroyed). Abraham, initially called Abram, is presented as the ancestor of the Israelites, the descendants of

Jacob whose name is changed to Israel in Genesis 32:29. In the patriarchal age, God establishes a covenant with Abraham that includes the institution of circumcision as a sign of that covenant, established when Abraham was 99 years old; the requirement to circumcise the males of his household is recorded in Genesis 17:10-14. God changes Abram's name to Abraham in Genesis 17:5 and Sarah is promised to bear a son in her old age, and that son, Isaac, will be the child of the covenant and Abraham's heir, whose descendants will inherit the land often called Canaan.

In the book of Exodus, the second book of the Hebrew Bible, the descendants of Isaac's son, Jacob were enslaved in Egypt during a period of harsh oppression. God, appearing to Moses in a divine vision through a burning bush on Mount Horeb, commands him to lead the Hebrews out of bondage. God inflicts ten plagues upon Egypt such as the Nile turning to blood, swarms of locusts, and the death of the firstborn to persuade Pharaoh to release the Hebrews. After the final plague, Pharaoh relents, and the Hebrews begin their escape, known as the Exodus. They travel across the desert and arrive at Mount Sinai, where God bestows the commandments, laws, and teachings that will define the moral and spiritual foundation of the Israelite community, as recounted in the subsequent chapters.

Torah and Talmuds

Judaism as a religion and culture is founded upon a diverse body of texts, traditions, theologies, and worldviews. Among Judaism's core texts are the Torah (Pentateuch), the Nevi'im (Prophets), and the Ketuvim (Writings), which together compose the Hebrew Bible.

Torah (Pentateuch) is the main canon of Judaism. Torah consists of five books of Moses (Genesis, Exodus, Leviticus, Numbers, Deuteronomy). Jewish tradition holds that the details and interpretation of the Oral Torah were originally unwritten traditions based on the Law given to Moses at Sinai. However, as the persecution of Jews increased in intensity and frequency and the details of the Oral Torah were in danger of being forgotten, Judah ha-Nasi compiled them into the Mishnah, which was redacted c. 200 CE. The Talmud is a compilation of the Mishnah and Gemara, rabbinic commentaries redacted over the next three centuries. The Gemara originated in two major centers of Jewish scholarship: Palestine and Babylonia (Lower Mesopotamia). Correspondingly, two bodies of analysis developed, and two compilations of the Talmud were created. The older compilation is called the Jerusalem Talmud. It was compiled sometime during the 4th century in Palestine.

According to Torah, the United Kingdom of Israel was established under Saul the King and continued under King David and Solomon, with its capital being Jerusalem. After Solomon's reign, the nation split into two kingdoms, the Kingdom of Israel in the north and the Kingdom of Judah in the south. The Kingdom of Israel was destroyed around 720 BC, when it was conquered by the Neo-Assyrian Empire; many people were taken captive from the capital Samaria to Media and the Khabur River valley. The Kingdom of Judah continued as an independent state until it was conquered by Nebuchadnezzar II of the Neo-Babylonian Empire in 586-87 BC. The Babylonians destroyed Jerusalem and the First Temple, forcing the Israelites into the Babylonian captivity in what is regarded as the first Jewish diaspora. Many of the Israelites returned to their homeland-an known as the return to Zion-after the subsequent fall of Babylon accomplished by the Persian Achaemenid Empire seventy years later. A Second Temple was constructed, and religious practices were resumed.

Following the destruction of Jerusalem and the expulsion of the Jews, Jewish worship stopped being centrally organized around the Temple; prayer took the place of sacrifice; worship was conducted within the Jewish communities of the diaspora; and the authority of rabbis who acted as teachers and leaders of individual communities was established.

The Concept of God in Judaism

Unlike other ancient Near Eastern gods, the Jewish God is portrayed as unitary and solitary; consequently, the Jewish God's principal relationships are not with other gods, but with the world, and more specifically, with the people he created. Judaism thus begins with ethical monotheism: the belief that God is one. According to the Hebrew Bible, God promised Abraham that he would make of his offspring a great nation. Many generations later, he commanded the Israelites to love and worship only one God; that is, the Jewish nation is to reciprocate God's concern for the world. He also commanded the Jewish people to love one another; that is, Jews are to imitate God's love for people.

According to Judaism, (1) God is the Creator of all created beings; (2) He is premundane and has no peer or associate;

(3) the whole universe is created; (4) God called Moses and the other Prophets of the Biblical canon; (5) the Law of Moses alone is true; (6) to know the language of the Bible is a religious duty; (7) the Temple at Jerusalem is the palace of the world's Ruler.;

In modern times, Judaism lacks a centralized authority that dictates orthodoxies. Because of this, many variations on basic beliefs are considered within the scope of Judaism. Even so, all Jewish religious movements are, to a greater or lesser extent, based on the principles of the Hebrew Bible and various commentaries, including the Talmud and Midrash. Judaism also universally recognizes the biblical covenant between God and the patriarch Abraham, as well as the additional aspects of the covenant that are considered an essential aspect of Judaism. Establishing the core tenets of Judaism in the modern era is even more challenging, given the numerous and diverse contemporary Jewish religious movements. Even when restricting the problem to the most influential intellectual trends of the nineteenth and twentieth centuries, the matter remains complicated.

According to Judaism, Yahweh is the monotheistic God that the Jewish people have worshiped for thousands of years.

1. God has no physical body
2. God is eternal
3. Only God may be worshipped
4. Prophecy: God communicates with humans
5. Moses was the greatest of the prophets
6. Torah comes from God
7. The Torah is the authentic word of God and may not be changed
8. God is aware of all our deeds
9. God rewards the righteous and punishes the wicked

Chapter 2

Christianity

Introduction

Christianity is deeply rooted in Judaism. Christians believe in the same God, 'Yahweh" that Jewish people believe in. The only difference is that Christianity believes that Jesus Christ, as the Son of God and Messiah, came to the world to save all people from their sins. It was prophesied in the Old Testament and chronicled in the New Testament. Christianity is the world's largest and most widespread religion with over 2.3 billion followers, comprising around 28.8% of the world population. Its adherents, known as Christians, live in more than 180 countries and territories. Christianity remains culturally diverse in its Western and Eastern branches, and doctrinally diverse concerning justification and the nature of salvation, ecclesiology, ordination, and Christology. Most Christian denominations, however, generally hold in common the belief that Jesus who was incarnated, suffered, and died on a cross, but rose from the dead for the salvation of humankind; this message is called the gospel, meaning the "good news". The four canonical gospels of Matthew, Mark, Luke and John describe Jesus' life and teachings as preserved in the early Christian tradition, with the Old Testament as the gospels' respected background.

Currently, Christianity is divided into five main branches. They are Catholic, Anglican, Protestant, Greek Orthodox and Russian Orthodox.

Catholic Church

The Catholic Church (Latin: Ecclesia Catholica), also known as the Roman Catholic Church, is the largest Christian church. It is among the world's oldest and largest international institutions and has played a prominent role in the history and development of civilization. The Church consists of almost 3,500 dioceses around the world, The pope, who is the bishop of Rome, is the chief pastor of the church.

The core beliefs of Catholicism are found in the Nicene Creed. The Catholic Church teaches that it is the one, holy, catholic and apostolic church founded by Jesus Christ in his Great Commission, that its bishops are the successors of Christ's apostles, and that the pope is the successor of Saint Peter, upon whom primacy was conferred by Jesus Christ. It maintains that it practices the original Christian faith taught by the apostles, preserving faith infallibly through scripture and sacred tradition as authentically interpreted through the magisterium or teaching office of the church.

The Catholic Church places great importance on the sacraments. Among the seven sacraments, the Eucharist is the principal one, celebrated liturgically in the Mass. The church teaches that through consecration by a priest, the sacramental bread and wine become the body and blood of Christ. The Virgin Mary is venerated as the Mother of God, and Queen of Heaven; she is honored in dogmas, such as that of her Immaculate Conception, perpetual virginity and assumption into heaven, and devotions. The Catholic Church operates tens of thousands of Catholic schools, universities and colleges, hospitals and orphanages around the world, and is the largest non-governmental provider of education and health care in the world. Among its other social services are numerous charitable and humanitarian organizations.

The Catholic Church has profoundly influenced Western philosophy, culture, art, literature, music, law and science. Catholics live all over the world through missions, immigration, diaspora and conversions. Since the 20th century the majority have resided in the Global South, partially due to secularization in Europe and North America. The Catholic Church shared communion with the Eastern Orthodox Church until the East-West Schism in 1054, disputing particularly the authority of the pope. Both Churches were separated primarily over differences in Christology. The Eastern Catholic Churches, which were separated from the main Catholic Church have memberships of approximately 18 million, represent a body of Eastern Christians who returned or remained in communion with the pope during or following these schisms due to a variety of historical circumstances. In the 16th century the religious reformation was formed against Catholic authority. From the late 20th century the Catholic Church has been criticized for its teachings on sexuality, its doctrine against ordaining women and its handling of sexual abuse committed by clergy.

The Diocese of Rome, led by the pope as its bishop, constitutes his local jurisdiction, while the See of Rome, commonly referred to as the Holy See serves as the central governing authority of the Catholic Church. The administrative body of the Holy See, the Roman Curia, has its principal offices in Vatican City, which is a small, independent city-state and enclave within the city of Rome, of which the pope is head of state and the elective and absolute monarch.

Catholic was first used to describe the church in the early 2nd century. The first known use of the phrase "the Catholic church" was from Saint Ignatius of Antioch around AD 110. He said that "Wheresoever the bishop shall appear, there let the people be, even as where Jesus may be, there is Catholic Church.", The name "Catholic Church" was used to distinguish it from other groups that also called themselves "the church". The "Catholic" notion was further stressed in the last emperor to rule over both the eastern and the western halves of the Roman Empire, when establishing the state church of the Roman Empire.

Since the East-West Schism of 1054, the Eastern Orthodox Church has taken the adjective Orthodox as its distinctive epithet; its official name continues to be the Orthodox Church. While the Catholic Church has been used to describe the pope's Diocese of Rome since the Fall of the Western Roman Empire and into the Early Middle Ages (6th-10th century), Catholic Church has been applied to the whole church in the English language since the Protestant Reformation in the late 16th century. Further, the name Catholic Church for the whole church is used in the Catechism of the Catholic Church (1990) and the Code of Canon Law (1983). "Catholic Church" is also used in the documents of the Second Vatican Council (1962-1965), the First Vatican Council (1869-1870), the Council of Trent (1545-1563) and numerous other official documents.

The New Testament, in particular the Gospels, records Jesus' activities and teaching, his appointment of the Twelve Apostles and his Great Commission of the apostles. The book Acts of Apostles, tells of the founding of the Christian church and the spread of its message to the Roman Empire. The Catholic Church teaches that its public ministry began on Pentecost, occurring fifty days following the date Christ is believed to have resurrected. At Pentecost, the apostles are believed to have received the Holy Spirit, preparing them for their mission in leading the church. The Catholic Church teaches that the college of bishops, led by the bishop of Rome are the successors to the Apostles.

In the account of the Confession of Peter found in the Gospel of Matthew, Christ designates Peter as the "rock" upon which Christ's church will be built. The Catholic Church considers the bishop of Rome, the pope, to be the successor to Saint Peter. Some scholars state Peter was the first bishop of Rome. Others say that the institution of the papacy is not dependent on the idea that Peter was bishop of Rome or even on his ever having been in Rome. Many scholars hold that a church structure of plural presbyters/bishops persisted in Rome until the mid-2nd century, when the structure of a single bishop and plural presbyters was adopted, and that later writers retrospectively applied the term "bishop of Rome" to the most prominent members of the clergy in the earlier period and to Peter himself. Catholic scholars believe that St. Peter has the role of the papacy as the bishop of Rome, the bishop of the city where Peter died and where Paul witnessed the truth of Christ, as the successor of Peter in care for the church universal.

In Western Christendom the first universities in Europe were established by monks. Beginning in the 11th century, several older cathedral schools became universities, such as the University of Oxford, the University of Paris and the University of Bologna. Higher education before then had been the domain of Christian cathedral schools or monastic schools, led by monks and nuns. These new universities expanded the curriculum to include academic programs for clerics, lawyers, civil servants, and physicians. The university is generally regarded as an institution that has its origin in the Medieval Christian setting.

Scholastic theologians and philosophers such as the Dominican priest Thomas Aquinas studied and taught at these studia. Aquinas' Summa Theologica was an intellectual milestone in its synthesis of the legacy of ancient Greek philosophers such as Plato and Aristotle with the content of

Christian revelation.

With the rise of Protestantism, the Catholic Church lost some adherents in Europe. Counter-Reformation groups such as the Jesuits were founded to tackle this. At the same time, Catholicism spread in the Americas through evangelization.

The Age of Discovery beginning in the 15th century saw the expansion of Western Europe's political and cultural influence worldwide. Because of the rise in power overseas of strongly Catholic nations of Spain and Portugal (as well as France), Catholicism was spread to the Americas, Asia and Oceania by explorers, conquistadors, and missionaries, as well as by the conversion of people who lived in these societies to the Catholic faith.

In 1517, the religious reforms presaged Martin Luther, The Ninety-five Theses, to several bishops. His theses protested against some Catholic doctrines as well as contemporary practices such as the supposed sale of indulgences, and these were the start of a rapidly escalating series of inflammatory works which accused the Pope of being the anti-Christ: this led to his excommunication in 1521. In Switzerland Huldrych Zwingli, John Calvin and other Protestant Reformers further criticized certain Catholic teachings. These challenges developed into the Reformation, which gave birth to the great majority of Protestant denominations. Catholic Church. Meanwhile, Henry VIII of the Kingdom of England petitioned Pope Clement VII for a declaration of nullity concerning his marriage to Catherine of Aragon. When this was denied, he had the Acts of Supremacy passed to make himself Supreme Head of the Church of England, spurring the English Reformation and the eventual development of Anglicanism.

The Reformation contributed to clashes between the Protestant and Catholic. The first nine-year war ended in 1555.

The Council of Trent (1545-1563) became the driving force behind the Counter-Reformation in response to the Protestant movement. Doctrinally, it reaffirmed many central Catholic teachings such as transubstantiation, the keeping of the sacraments, and the requirement of good works anchored in love and hope to justify one's salvation, as well as faith as a necessary condition to attain such salvation. In subsequent centuries, Catholicism spread widely across the world, in part through missionaries and imperialism, although its hold on European populations declined due to the growth of religious skepticism during and after the Enlightenment.

From the 17th century onward, the Enlightenment questioned the power and influence of the Catholic Church over Western society. In the 18th century, writers such as Voltaire wrote biting critiques of both religion and the Catholic Church.

Catholic missionaries generally supported, and sought to facilitate, the European imperial powers' conquest of Africa during the late nineteenth century. According to the historian of religion Adrian Hastings, Catholic missionaries were generally unwilling to defend African rights or encourage Africans to see themselves as equals to Europeans, in contrast to Protestant missionaries, who were more willing to oppose colonial injustices.

■ Pope, as the head of the Catholic Church.

The crossed keys of the Holy See symbolize those of Simon Peter. The triple crown papal tiara symbolizes the triple power of the pope as "father of kings", "governor of the world" and "Vicar of Christ". The gold cross symbolizes the sovereignty of Jesus.

The Catholic Church follows an episcopal polity, led by bishops who have received the sacrament of Holy Orders who are given formal jurisdictions of governance within the church. There are three levels of clergy: the episcopate, composed of bishops who hold jurisdiction over a geographic area called a diocese or eparchy; the presbyterate, composed of priests ordained by bishops and who work in local dioceses or religious orders; and the diaconate, composed of deacons who assist bishops and priests in a variety of ministerial roles.

Ultimately leading the entire Catholic Church is the bishop of Rome, known as the pope.

In parallel to the diocesan structure are a variety of religious institutes that function autonomously, often subject only to the authority of the pope, though sometimes subject to the local bishop. Most religious institutes only have male or female members, but some have both. Additionally, lay members aid many liturgical functions during worship services. The Catholic Church has been described as the oldest multinational organization in the world.

The hierarchy of the Catholic Church is headed by the pope. The Catholic Church holds that Christ instituted the papacy upon giving the keys of Heaven to Saint Peter. His ecclesiastical jurisdiction is called the Holy See, or the Apostolic See (meaning the see of the apostle Peter). Directly serving the pope is the Roman Curia, the central governing body that administers the day-to-day business of the Catholic Church.

The pope is also sovereign of Vatican City, a small city-state entirely enclaved within the city of Rome, which is an entity distinct from the Holy See. It is as head of the Holy See, not as head of Vatican City State, that the pope receives ambassadors of states and sends them his own diplomatic representatives.

The position of cardinal is a rank of honor bestowed by popes on certain clerics, such as leaders within the Roman Curia, bishops serving in major cities and distinguished theologians. For advice and assistance in governing, the pope may turn to the College of Cardinals. Following the death or resignation of a pope, members of the College of Cardinals who are under age 80 act as an electoral college, meeting in a papal conclave to elect a successor. Although the conclave may elect any male Catholic in the world as pope, since 1389 only cardinals have been elected.

Catholic canon law is the system of laws and legal principles made and enforced by the hierarchical authorities of the Catholic Church to regulate its external organization and government. Positive ecclesiastical laws, based directly or indirectly upon immutable divine law or natural law, derive formal authority in the case of universal laws from promulgation by the supreme legislator, the Supreme Pontiff who possesses the totality of legislative, executive and judicial power Canon law concerns the Catholic Church's life and organization and is distinct from civil law. In its own field it gives force to civil law only by specific enactment in matters such as the guardianship of minors.

In conclusion, in the first thousand years of Catholic history, different varieties of Christianity developed in the Western and Eastern Christian areas of Europe, Asia and Africa. Though most Eastern-tradition churches are no longer in communion with the Catholic Church after the Great Schism of 1054.

Dioceses are divided into parishes, each with one or more priests, deacons, or lay ecclesial ministers. Parishes are responsible for the day-to-day celebration of the sacraments and pastoral care of the laity. As of 2016 there are approximately 221,700 parishes worldwide. Catholics may enter into consecrated life either on an individual basis, as a hermit or consecrated virgin, or by joining an institute of consecrated life (a religious institute or a secular institute) in which to take vows confirming their desire to follow the three evangelical counsels of chastity, poverty and obedience. Examples of institutes of consecrated life are the Benedictines, the Carmelites, the Dominicans, the Franciscans, the Missionaries of Charity, the Legionaries of Christ and the Sisters of Mercy. "Religious institutes" is a modern term encompassing both "religious orders" and "religious congregations", which were once distinguished in canon law. The terms "religious order" and "religious institute" tend to be used as synonyms colloquially. By means of Catholic charities and beyond, the Catholic Church is the largest non-government provider of education and health care in the world.

Catholic Membership and Geographic distribution in 2023.

Americas 47.8%

Europe   20.4%

Africa   20.0%

Asia   11.0%

Oceania 0.8%

As of 2020, Catholicism is the second-largest religious body in the world after Sunni Islam. Catholics represent about half of all Christians. According to the World Christian Database, there are 1.272 billion Catholics globally, as of 2025. Geographic distribution of Catholics worldwide continues to shift, with 20.0% in Africa, 47.8% in the Americas, 11.0% in Asia, 20.4% in Europe and 0.8% in Oceania.

Catholic ministers include ordained clergy, lay ecclesial ministers, missionaries and catechists. As of the end of 2023, there were 463,859 ordained clergy, including 5,430 bishops, 406,996 priests (diocesan and religious) and 51,433 deacons (permanent). Non-ordained ministers, as of October 2024, include 2,883,049 catechists and 413,561 lay missionaries.

Catholic doctrine has developed over the centuries, reflecting direct teachings of early Christians, formal definitions of heretical and orthodox beliefs by ecumenical councils and in papal bulls, and theological debate by scholars. The church believes that it is continually guided by the Holy Spirit as it discerns new theological issues and is protected infallibly from falling into doctrinal error when a firm decision on an issue is reached.

It teaches that revelation has one common source, God, and two distinct modes of transmission: Sacred Scripture and Sacred Tradition, and that these are authentically interpreted by the Magisterium. Sacred Scripture consists of the 73 books of the Catholic Bible, consisting of 46 Old Testament and 27 New Testament writings. Sacred Tradition consists of those teachings believed by the church to have been handed down since the time of the Apostles. Sacred Scripture and Sacred Tradition are collectively known as the "deposit of faith" (depositum fidei in Latin). These are in turn interpreted by the Magisterium (from magister, Latin for "teacher"), the church's teaching authority, which is exercised by the pope and the College of Bishops in union with the pope. Catholic doctrine is authoritatively summarized in the Catechism of the Catholic Church, published by the Holy See.

■ Catholic understanding of God

The Catholic Church holds that there is one eternal God, who exists as a perichoresis ("mutual indwelling") of three hypostases, or "persons": God the Father; God the Son; and God the Holy Spirit (also called the Holy Ghost), which together are called the "Holy Trinity". Catholics believe that Jesus Christ is the "Second Person" of the Trinity, God the Son. In an event known as the Incarnation, through the power of the Holy Spirit, God became united with human nature through the conception of Christ in the womb of the Blessed Virgin Mary. Christ, therefore, is understood as being both fully divine and fully human, including possessing a human soul. It is taught that Christ's mission on earth included giving people his teachings and providing his example for them to follow as recorded in the four Gospels. Jesus is believed to have remained sinless while on earth, and to have allowed himself to be unjustly executed by crucifixion, as a sacrifice of himself to reconcile humanity to God; this reconciliation is known as the Paschal Mystery. The Greek term "Christ" and the Hebrew "Messiah" both mean "anointed one", referring to the Christian belief that Jesus' death and resurrection are the fulfilment of the Old Testament's messianic prophecies.

The Catholic Church teaches dogmatically that "the Holy Spirit proceeds eternally from the Father and the Son, not as from two principles but as from one single principle". It holds that the Father, as the "principle without principle", is the first origin of the Spirit, but also that he, as Father of the only Son, is with the Son the single principle from which the Spirit proceeds. This belief is expressed in the Filioque clause which was added to the Latin version of the Nicene Creed of 381 but not included in the Greek versions of the creed used in Eastern Christianity.

◼ Teachings of Catholic Church

The Catholic Church teaches that it is the "one true church", "the universal sacrament of salvation for the human race", and "the one true religion". According to the Catechism, the Catholic Church is further described in the Nicene Creed as the "one, holy, catholic, and apostolic Church". These are collectively known as the Four Marks of the Church. The church teaches that its founder is Jesus Christ. The New Testament records several events considered integral to the establishment of the Catholic Church, including Jesus' activities and teaching and his appointment of the apostles as witnesses to his ministry, suffering, and resurrection. The Great Commission, after his resurrection, instructed the apostles to continue his work. The coming of the Holy Spirit upon the apostles, in an event known as Pentecost, is seen as the beginning of the public ministry of the Catholic Church. The church teaches that all duly consecrated bishops have a lineal succession from the apostles of Christ, known as apostolic succession. In particular, the Bishop of Rome (the pope) is considered the successor to the apostle Simon Peter, a position from which he derives his supremacy over the church.

Catholic belief holds that the church "is the continuing presence of Jesus on earth" and that it alone possesses the full means of salvation. Through the passion (suffering) of Christ leading to his crucifixion as described in the Gospels, it is said Christ made himself an oblation to God the Father to reconcile humanity to God; the Resurrection of Jesus makes him the firstborn from the dead, the first among many brethren. By reconciling with God and following Christ's words and deeds, an individual can enter the Kingdom of God. The church sees its liturgy and sacraments as perpetuating the graces achieved through Christ's sacrifice to strengthen a person's relationship with Christ and aid in overcoming sin.

■ Catholic interpretation of Final judgement

The Catholic Church teaches that, immediately after death, the soul of each person will receive a particular judgement from God, based on their sins and their relationship to Christ. This teaching also attests to another day when Christ will sit in universal judgement of all mankind. This final judgement, according to the Church's teaching, will bring an end to human history and mark the beginning of both a new and better heaven and earth ruled by God in righteousness.

Depending on the judgement rendered following death, it is believed that a soul may enter one of three states of the afterlife:

- Heaven is a state of unending union with the divine nature of God, not ontologically, but by grace. It is an eternal life, in which the soul contemplates God in ceaseless beatitude.
- Purgatory is a temporary condition for the purification of souls who, although destined for Heaven, are not fully detached from sin and thus cannot enter Heaven immediately. In Purgatory, the soul suffers, and is purged and perfected. Souls in purgatory may be aided in reaching heaven by the prayers of the faithful on earth and by the intercession of saints.
- Final Damnation: Finally, those who persist in living in a state of mortal sin and do not repent before death subject themselves to hell, an everlasting separation from

God. The church teaches that no one is condemned to hell without having freely decided to reject God. No one is predestined to hell and no one can determine with absolute certainty who has been condemned to hell. Catholicism teaches that through God's mercy a person can repent at any point before death, be illuminated with the truth of the Catholic faith, and thus obtain salvation. Some Catholic theologians have speculated that the souls of unbaptized infants and non-Christians without mortal sin but who die in original sin are assigned to limbo, although this is not an official dogma of the church.

While the Catholic Church teaches that it alone possesses the full means of salvation, it also acknowledges that the Holy Spirit can make use of Christian communities separated from itself to "impel towards Catholic unity" and "tend and lead toward the Catholic Church", and thus bring people to salvation, because these separated communities contain some elements of proper doctrine, albeit admixed with errors. It teaches that anyone who is saved is saved through the Catholic Church but that people can be saved outside of the ordinary means known as baptism of desire, and by pre-baptismal martyrdom, known as baptism of blood, as well as when conditions of invincible ignorance are present, although invincible ignorance in itself is not a means of salvation. The Vatican II document Lumen gentium further clarifies the possibility of salvation of those who through no fault of their own, do not know the Gospel of Christ or his Church, but who nevertheless seek God with a sincere heart.

A saint (also historically known as a hallow) is a person who is recognized as having an exceptional degree of holiness or likeness or closeness to God, while canonization is the act by which a Christian church declares that a person who has died was a saint, upon which declaration the person is included in the "canon", or list, of recognized saints. The first persons honored as saints were the martyrs. By the fourth century, however, "confessors"-people who had confessed their faith not by dying but by suffering-began to be venerated publicly.

Devotions are "external practices of piety" which are not part of the official liturgy of the Catholic Church but are part of the popular spiritual practices of Catholics. These include various practices regarding the veneration of the saints, especially veneration of the Virgin Mary. Other devotional practices include the Stations of the Cross, the Sacred Heart of Jesus, the Holy Face of Jesus, the various scapulars, novenas to various saints, pilgrimages and devotions to the Blessed Sacrament, and the veneration of saintly images such as the santos. The bishops at the Second Vatican Council reminded Catholics that "devotions should be so drawn up that they harmonize with the liturgical seasons, accord with the sacred liturgy, are in some fashion derived from it, and lead the people to it, since, in fact, the liturgy by its very nature far surpasses any of them."

■ Why does Catholic Church worship Virgin Mary?

The Blessed Virgin Mary is highly regarded in the Catholic Church, proclaiming her as Mother of God, free from original sin and an intercessor.

Catholic Mariology deals with the dogmas and teachings concerning the life of Mary, mother of Jesus, as well as the veneration of Mary by the faithful. Mary is held in special regard, declared the Mother of God, and believed as dogma to have remained a virgin throughout her life. Further teachings include the doctrines of the Immaculate Conception (her own conception without the stain of original sin) and the Assumption of Mary (that her body was assumed directly into heaven at the end of her life). Both doctrines were defined as infallible dogma, but only after consulting with the Catholic bishops throughout the world to ascertain that this is a Catholic belief.

Devotions to Mary are part of Catholic piety but are distinct from the worship of God. Practices include prayers and Marian art, music and architecture. Several liturgical Marian feasts are celebrated throughout the Church Year and she is honored with many titles such as Queen of Heaven. She is considered to be the spiritual mother to each member of the Body of Christ. Because of her influential role in the life of

Jesus, prayers and devotions such as the Hail Mary.

▣ Are Catholic Sacraments
different from the protestant?

The Catholic Church teaches that it was entrusted with seven sacraments that were instituted by Christ. The number and nature of the sacraments were defined by several ecumenical councils, most recently the Council of Trent. These are Baptism, Confirmation, the Eucharist, Penance, Anointing of the Sick (formerly called Extreme Unction, one of the "Last Rites"), Holy Orders and Holy Matrimony. Sacraments are visible rituals that Catholics see as signs of God's presence and effective channels of God's grace to all those who receive them with the proper disposition. The Catechism of the Catholic Church categorizes the sacraments into three groups, the "sacraments of Christian initiation", "sacraments of healing" and "sacraments at the service of communion and the mission of the faithful". These groups broadly reflect the stages of people's natural and spiritual lives which each sacrament is intended to serve.

◼ Eucharist

Catholic Church performs "Eucharist" every Sunday.

The liturgies of the sacraments are essential to Catholic Church. For Catholics, the Eucharist is the sacrament which completes Christian initiation. It is described as "the source and summit of the Christian life". The ceremony in which a Catholic first receives the Eucharist is known as First Communion.

The Eucharistic celebration, also called the Mass or Divine liturgy, includes prayers and scriptural readings, as well as an offering of bread and wine, which are brought to the altar and consecrated by the priest to become the body and the blood of Jesus Christ, a change called transubstantiation.

The words of consecration reflect the words spoken by Jesus during the Last Supper, where Christ offered his body and blood to his Apostles the night before his crucifixion. The sacrament re-presents (makes present) the sacrifice of Jesus on the cross and perpetuates it. Christ's death and resurrection give grace through the sacrament that unites the faithful with Christ and one another, remits venial sin, and aids against committing moral sin (though mortal sin itself is forgiven through the sacrament of penance).

In the liturgy of the New Covenant every liturgical action, especially the celebration of the Eucharist and the sacraments, is an encounter between Christ and the Church. The liturgical assembly derives its unity from the "communion of the Holy Spirit" who gathers the children of God into the one Body of Christ. This assembly transcends racial, cultural, social—indeed, all human affinities.

Notably, because the church teaches that Christ is present in the Eucharist, those who are conscious of being in a state of mortal sin are forbidden to receive the sacrament.

Catholics are normally obliged to abstain from eating for at least an hour before receiving the sacrament. Non-Catholics are ordinarily prohibited from receiving the Eucharist as well. Catholics, even if they were in danger of death and unable to approach a Catholic minister, may not ask for the sacraments of the Eucharist, penance or anointing of the sick from someone, such as a Protestant minister, who is not known to be validly ordained in line with Catholic teaching on ordination. Likewise, even in grave and pressing need, Catholic ministers may not administer these sacraments to those who do not manifest Catholic faith in the sacrament.

■ Is Catholic Baptism superior to other baptism?

As viewed by the Catholic Church, Baptism is the first of three sacraments of initiation as a Christian. It washes away all sins, both original sin and personal actual sins. It makes a person a member of the church. As a gratuitous gift of God that requires no merit on the part of the person who is baptized, it is conferred even on children, who, though they have no personal sins, need it on account of original sin.

If a new-born child is in a danger of death, anyone-be it a doctor, a nurse, or a parent-may baptize the child. Baptism marks a person permanently and cannot be repeated. The Catholic Church recognizes as valid baptisms conferred even by people who are not Catholics or Christians, provided that they intend to baptize ("to do what the Church does when she baptizes") and that they use the Trinitarian baptismal formula.

■ Does Catholic Church approve confirmation of the protestant church?

Catholic church believes that their confirmation is unique. The Catholic Church sees the sacrament of confirmation as required to complete the grace given in baptism. When adults are baptized, confirmation is normally given immediately afterwards. But confirmation of children is delayed until they are old enough to understand or at the bishop's discretion.

◼ Penance

Catholic Church also performs "Penance". This is important to become a member of the Catholic Church.

The Sacrament of Penance (also called Reconciliation, Forgiveness, Confession, and Conversion) exists for the conversion of those who, after baptism, separate themselves from Christ by sin. Essential to this sacrament are acts both by the sinner (examination of conscience, contrition with a determination not to sin again, confession to a priest, and performance of some act to repair the damage caused by sin) and by the priest (determination of the act of reparation to be performed and absolution).

Serious sins (mortal sins) should be confessed at least once a year and always before receiving Holy Communion, while confession of venial sins also is recommended. The priest is bound under the severest penalties to maintain the "seal of confession", absolute secrecy about any sins revealed to him in confession.

■ anointing of the sick

To follow Jesus' healing ministry, Catholic Church also performs "anointing of the sick" ceremony by priest.

Oil is used by a priest or bishop to bless a Catholic who, because of illness or old age, has begun to be in danger of death. This sacrament, known as Anointing of the Sick, is believed to give comfort, peace, courage and, if the sick person is unable to make a confession, even forgiveness of sins.

■ Holy orders to become the servants of God.

Catholic Church ordains a candidate who swears to dedicate all his life to God and has been trained to be a priest. For ordination, Priests lay their hands on the ordinands during the rite of ordination. The sacrament of Holy Orders consecrates and deputes some Christians to serve the whole body as members of three degrees or orders: episcopate (bishops), presbyterate (priests) and diaconate (deacons). The church has defined rules on who may be ordained into the clergy. Men who are already married may be ordained in certain Eastern Catholic churches in most countries.

All clergy, whether deacons, priests or bishops, may preach, teach, baptize, witness marriages and conduct funeral liturgies. Only bishops and priests can administer the sacraments of the Eucharist, Reconciliation (Penance) and Anointing of the Sick. Only bishops can administer the sacrament of Holy Orders, which ordains someone into the clergy.

▣ Matrimony

In Catholic Church, Matrimony is essential to form a family.

The Catholic Church teaches that marriage is a social and spiritual bond between a man and a woman, ordered towards the good of the spouses and procreation of children; according to Catholic teachings on sexual morality, it is the only appropriate context for sexual activity. A Catholic marriage, or any marriage between baptized individuals of any Christian denomination, is viewed as a sacrament. A sacramental marriage, once consummated, cannot be dissolved except by death. The church recognizes certain conditions, such as freedom of consent, as required for any marriage to be valid; In addition, the church sets specific rules and norms, known as canonical form, that Catholics must follow.

The church does not recognize divorce as ending a valid marriage and allows state-recognized divorce only as a means of protecting the property and well-being of the spouses and any children. However, consideration of particular cases by the competent ecclesiastical tribunal can lead to declaration of the invalidity of a marriage, a declaration usually referred to as an annulment. Remarriage following a divorce is not permitted unless the prior marriage was declared invalid.

Anglican Church

Anglican church is not only the established church of England but also belongs to the category of world religion. Anglicanism, also known as Episcopalianism is a Church of England. It is one of the largest branches of Christianity, with around 110 million adherents within the Anglican Communion, and more than 400,000 outside of the Anglican Communion as of 2025.

Adherents of Anglicanism are called Anglicans; they are also called Episcopalians in some countries. Most are members of national or regional ecclesiastical provinces of the international Anglican Communion. It is the world's third-largest Christian religion, The provinces within the Anglican Communion have historically been in full communion with the See of Canterbury and thus with the archbishop of

Canterbury, whom the communion refers to as its primus inter pares (Latin, 'first among equals'). The archbishop calls the decennial Lambeth Conference, chairs the meeting of primates, and is the president of the Anglican Consultative Council. Some churches that are not part of the Anglican Communion or recognized by it also call themselves Anglican, including those that are within the Continuing Anglican movement and Anglican realignment.

Anglicans base their Christian faith on the Bible, traditions of the apostolic church, apostolic succession ("historic episcopate"), and the writings of the Church Fathers. Anglicanism forms a branch of Western Christianity, having declared its independence from the Holy See through the Act of Supremacy in 1534, a separation later consolidated by the Elizabethan Religious Settlement. Many of the Anglican formularies of the mid-16th century correspond closely to those of historical Protestantism. Anglicanism is a kind of middle way between Lutheranism and Calvinism, and later between Protestantism and Catholicism. It is also called "catholic and reformed". The degree of distinction between

Protestant and Catholic tendencies within Anglicanism is routinely a matter of debate both within specific Anglican churches and the Anglican Communion. The Book of Common Prayer is unique to Anglicanism and the collection of services in one prayer book used for centuries. The book is acknowledged as a principal tie that binds the Anglican Communion as a liturgical tradition.

Contrary to popular misconception, the British monarch is not the constitutional "head" of the Church of England but is, in law, the church's "supreme governor", nor does the monarch have any role in provinces outside England. The role of the crown in the Church of England is practically limited to the appointment of bishops, including the archbishop of Canterbury, and even this role is limited, as the church presents the government with a short list of candidates from which to choose. This process is accomplished through collaboration with and consent of ecclesial representatives. Although the monarch has no constitutional role in Anglican churches in other parts of the world, the prayer books of several countries where the monarch is head of state contain prayers for him or her as sovereign.

A characteristic of Anglicanism is that it has no international juridical authority. All forty-two provinces of the Anglican Communion are autonomous, each with their own primate and governing structure. These provinces may take the form of national churches (such as in Canada, Uganda or Japan) or a collection of nations (such as the West Indies, Central Africa or South Asia), or geographical regions (such as Vanuatu and Solomon Islands) etc. Within these provinces there may exist subdivisions, called ecclesiastical provinces, under the jurisdiction of a metropolitan archbishop.

All provinces of the Anglican Communion consist of dioceses, each under the jurisdiction of a bishop. In the Anglican tradition, bishops must be consecrated according to the strictures of apostolic succession, which Anglicans consider one of the marks of catholicity. Apart from bishops, there are two other orders of ordained ministry: deacon and priest. No requirement is made for clerical celibacy, though many Anglo-Catholic priests have traditionally been bachelors. Because of innovations that occurred at various points after the latter half of the 20th century, women may be ordained as deacons in almost all provinces, as priests in most and as bishops in many. Anglican religious orders and communities, suppressed in England during the Reformation, have re-emerged, especially since the mid-19th century, and now have an international presence and influence.

Government in the Anglican Communion is synodical, consisting of three houses of laity (usually elected parish representatives), clergy and bishops. National, provincial and diocesan synods maintain different scopes of authority, depending on their canons and constitutions. Anglicanism is not congregational in its polity: it is the diocese, not the parish church, which is the smallest unit of authority in the church.

The archbishop of Canterbury has a precedence of honor over the other primates of the Anglican Communion, and for a province to be considered a part of the communion means specifically to be in full communion with the see of Canterbury though this principle is currently subject to considerable debate, especially among those in the so-called Global South, including American Anglicans. The archbishop is, therefore, recognized as the primus inter pares (lat. "first amongst equals") even though no direct authority in any province outside of England is exercised by the archbishop.

As spiritual head of the communion, the archbishop of Canterbury maintains a certain moral authority and has the right to determine which churches will be in communion with Anglican church. The archbishop hosts and chairs both the Lambeth Conferences of Anglican Communion bishops and the Anglican Communion Primates' Meeting and is responsible for the invitations to them. The archbishop also acts as the president of the secretariat of the Anglican Communion Office and its deliberative body, the Anglican Consultative Council.

Like the Roman Catholic Church and the Orthodox churches, the Anglican Communion maintains the threefold ministry of deacons, presbyters (usually called "priests"), and bishops.

Bishops, who possess the fullness of Christian priesthood, are the successors of the apostles. Primates, archbishops, and metropolitans are all bishops and members of the historical episcopate who derive their authority through apostolic succession-an unbroken line of bishops that can be traced back to the 12 apostles of Jesus. The churches of the Anglican Communion have traditionally held that ordination in the historic episcopate is a core element in the validity of clerical ordinations. The Roman Catholic Church, however, does not recognize Anglican orders. Some Eastern Orthodox churches have issued statements to the effect that Anglican orders could be accepted, yet have still reordained former Anglican clergy; other Eastern Orthodox churches have rejected Anglican orders altogether.

Anglican clergy who joins the Orthodox Church are reordained; if Anglicanism and Orthodoxy were to reach full unity in the faith, perhaps such reordination might not be found necessary. It should be added, however, that several individual Orthodox theologians hold that under no circumstances would it be possible to recognize the validity of

Anglican.

■ Anglican Priesthood

Bishops are assisted by priests and deacons. Most ordained ministers in the Anglican Communion are priests, who usually work in parishes within a diocese. Priests are in charge of the spiritual life of parishes and are usually called the rector or vicar. A curate (or, more correctly, an "assistant curate") is a priest or deacon who assists the parish priest. Non-parochial priests may earn their living by any vocation, although employment by educational institutions or charitable organizations is most common. Priests also serve as chaplains of hospitals, schools, prisons, and in the armed forces.

An archdeacon is a priest or deacon responsible for administration of an archdeaconry, which is often the name given to the principal subdivisions of a diocese. An archdeacon represents the diocesan bishop in his or her archdeaconry. In the Church of England, the position of archdeacon can only be held by someone in priestly orders who has been ordained for at least six years. In some other parts of the Anglican Communion, the position can also be held by deacons. In parts of the Anglican Communion where women cannot be ordained as priests or bishops but can be ordained as deacons, the position of archdeacon is effectively the most senior office to which an ordained woman can be appointed.

A dean is a priest who is the principal cleric of a cathedral or other collegiate church and the head of the chapter of canons. If the cathedral or collegiate church has its own parish, the dean is usually also rector of the parish. However, in the Church of Ireland, the roles are often separated, and most cathedrals in the Church of England do not have associated parishes. In the Church in Wales, however, most cathedrals are parish churches, and their deans are now also vicars of their parishes.

The Anglican Communion recognizes Roman Catholic and

Eastern Orthodox ordinations as valid. Outside the Anglican Communion, Anglican ordinations (at least of male priests) are recognized by the Old Catholic Church.

■ Deacons (Diaconate) will be ordained.

In Anglican churches, deacons often work directly in ministry to the marginalized inside and outside the church: the poor, the sick, the hungry, the imprisoned. Unlike Orthodox and most Roman Catholic deacons who may be married only before ordination, deacons are permitted to marry freely both before and after ordination, as are priests. Most deacons are preparing for priesthood and usually only remain as deacons for about a year before being ordained priests. However, there are some deacons who remain so.

Many provinces of the Anglican Communion ordain both men and women as deacons. Many of those provinces that ordain women to the priesthood previously allowed them to be ordained only to the diaconate. The effect of this was the creation of a large and overwhelmingly female diaconate for a time, as most men proceeded to be ordained priest after a short time as a deacon.

Deacons, in some dioceses, can be granted licenses to solemnize matrimony, usually under the instruction of their parish priest and bishop. They sometimes officiate at Benediction of the Blessed Sacrament in churches which have this service. Deacons are not permitted to preside at the Eucharist (but can lead worship with the distribution of already consecrated communion where this is permitted), absolve sins, or pronounce a blessing. It is the prohibition against deacons pronouncing blessings that leads some to believe that deacons cannot solemnize matrimony.

■ All baptized people are allowed
   to the work of mission as lay people.

members of the church are called Christian faithful, truly equal in dignity and in the work to build the church. Some non-ordained people also have a formal public ministry, often on a full-time and long-term basis-such as lay leaders, churchwardens, vergers, and sextons. Other lay positions include acolytes (male or female, often children), lay eucharistic ministers (also known as chalice bearers), and lay eucharistic visitors (who deliver consecrated bread and wine to "shut-ins" or members of the parish who are unable to leave home or hospital to attend the Eucharist). Lay people also serve on the parish altar guild (preparing the altar and caring for its candles, linens, flowers, etc.), in the choir and as cantors, as ushers and greeters, and on the church council (called the "vestry" in some countries), which is the governing body of a parish.

Anglican religious life at one time boasted hundreds of orders and communities, and thousands of religious. An important aspect of Anglican religious life is that most communities of both men and women lived their lives consecrated to God under the vows of poverty, chastity, and obedience.

Since the 1960s, there has been a sharp decline in the number of professed religious in most parts of the Anglican Communion, especially in North America, Europe, and Australia. Many once large and international communities have been reduced to a single convent or monastery with memberships of elderly men or women. In the last few decades of the 20th century, novices have for most communities been few and far between. Some orders and communities have already become extinct. There are, however, still thousands of Anglican religious working today in approximately 200 communities around the world, and religious life in many parts of the Communion-especially in developing nations-flourishes.

As of 2024, there are around 110 million Anglicans worldwide. Of these, as of 2020, around 95 million are members of the Anglican Communion (excluding united churches). This makes the Anglican Communion the third largest Christian communion in the world, after the Roman Catholic Church and the Eastern Orthodox Church.

Anglican interest in ecumenical dialogue can be traced back to the time of the Reformation and dialogues with both Orthodox and Lutheran churches in the 16th century. In the 19th century, with the rise of the Oxford Movement, there arose greater concern for reunion of the churches of "Catholic confession". This desire to work towards full communion with other denominations. The four points (the sufficiency of scripture, historic creeds, the two dominical sacraments, and the historic episcopate) were proposed as a basis for discussion, although they have frequently been taken as a non-negotiable bottom-line for any form of reunion.

Anglicanism in general has always sought a balance between the emphases of Catholicism and Protestantism, while tolerating a range of expressions of evangelicalism and ceremony. Clergy and laity from all Anglican churchmanship traditions have been active in the formation of the Continuing movement.

While there are high church, broad-church and low-church Continuing Anglicans, many Continuing churches are Anglo-

Catholic with highly ceremonial liturgical practices. Others belong to a more evangelical or low church tradition.

A changing focus on social issues after the World War II led contraception and the remarriage of divorced persons. Eventually, most provinces approved the ordination of women. In more recent years, some jurisdictions have permitted the ordination of people in same-sex relationships and authorized rites for the blessing of same-sex unions. "The more liberal provinces that are open to changing Church doctrine on marriage in order to allow for same-sex unions include Brazil, Canada, New Zealand, Scotland, South India, South Africa, the US and Wales", while the more conservative provinces are primarily located in the Global South.

The lack of social consensus among and within provinces of diverse cultural traditions has resulted in considerable conflict and even schism concerning some or all of these developments, as was the case in the Anglican realignment. More conservative elements within and outside of Anglicanism (primarily African churches and factions within North American

Anglicanism) have opposed these changes, while some liberal and moderate Anglicans see this opposition as representing a new fundamentalism within Anglicanism and "believe a split is inevitable and preferable to continued infighting and paralysis." Some Anglicans opposed to various liberalising changes, in particular the ordination of women, have become Roman Catholics or Orthodox. Others have, at various times, joined the Continuing Anglican movement or departed for non-Anglican evangelical churches.

Protestant

In the early 16th century, a religious reform movement arose against Catholic Church. This is referred to as "protestant Reformation".

In 1517, Martin Luther posted nine five theses against sale of indulgences. Printed copies soon spread throughout Europe. In 1521 Catholic Church condemned and excommunicated Luther and his followers, resulting in the schism of the Western Christendom into several branches.

Other reformers like Zwingli, Calvin, Knox, and Arminius further criticized Catholic teaching and worship. These challenges developed into the movement called Protestantism, which repudiated the primacy of the pope, the role of tradition, the seven sacraments, and other doctrines and practices. The Reformation in England began in 1534, when King Henry VIII had himself declared head of the Church of England. Beginning in 1536, the monasteries throughout England, Wales and Ireland were dissolved.

Partly in response to the Protestant Reformation, the Catholic Church engaged in a substantial process of reform and renewal, known as the Counter-Reformation or Catholic Reform. The Council of Trent clarified and reasserted Catholic doctrine. During the following centuries, competition between Catholicism and Protestantism became deeply entangled with political struggles among European states.

Meanwhile, the discovery of America by Christopher Columbus in 1492 brought about a new wave of missionary activity. Partly from missionary zeal, but under the impetus of colonial expansion by the European powers, Christianity spread to the Americas, Oceania, East Asia and sub-Saharan Africa.

Throughout Europe, the division caused by the Reformation

led to outbreaks of religious violence and the establishment of separate state churches in Europe. Lutheranism spread into the northern, central, and eastern parts of present-day Germany, Livonia, and Scandinavia. Anglicanism was established in England in 1534. Calvinism and its varieties, such as Presbyterianism, were introduced in Scotland, the Netherlands, Hungary, Switzerland, and France. Arminianism gained followers in the Netherlands and Frisia. Ultimately, these differences led to the outbreak of conflicts in which religion played a key factor. The Thirty Years' War, the English Civil War, and the French Wars of Religion are prominent examples. These events intensified the Christian debate on persecution and toleration.

Concise doctrinal statements or confessions of religious beliefs in Protestant are known as creeds. "Jesus is Lord" is the earliest creed of Christianity and continues to be used, The Apostles' Creed is the most widely accepted statement of the articles of Christian faith. It is used by a number of Christian denominations for both liturgical and catechetical purposes, most visibly by liturgical churches of Western Christian tradition, including Lutheranism, Anglicanism, and Western Rite Orthodoxy. It is also used by Presbyterians, Methodists, and Congregationalists.

The creed was apparently used as a summary of Christian doctrine.

- Belief in God the Father, Jesus Christ as the Son of God, and the Holy Spirit
- The death, descent into hell, resurrection and ascension of Christ
- The holiness of the Church and the communion of saints
- Christ's second coming, the Day of Judgement and salvation of the faithful.

Most Christians in Protestant churches accept the use of creeds and subscribe to at least one of the creeds mentioned above.

Certain Evangelical Protestants, though not all of them, reject creeds as definitive statements of faith, even while agreeing with some or all of the substance of the creeds. Also rejecting creeds are groups with roots in the Restoration Movement, such as the Christian Church (Disciples of Christ), the Evangelical Christian Church in Canada, and the Churches of Christ.

The central tenet of Protestant is the belief in Jesus as the Son of God and the Messiah (Christ). Christians believe that Jesus, as the Messiah, was anointed by God as savior of humanity and hold that Jesus' coming was the fulfillment of messianic prophecies of the Old Testament. The Christian concept of messiah differs significantly from the contemporary Jewish concept. The core Christian belief is that through belief in and acceptance of the death and resurrection of Jesus, sinful humans can be reconciled to God, and thereby are offered salvation and the promise of eternal life.

While there have been many theological disputes over the nature of Jesus over the earliest centuries of Christian history, generally, Protestant Christians believe that Jesus is God incarnate and "true God and true man" (or both fully divine and fully human). Jesus, having become fully human, suffered the pains and temptations of a mortal man, but did not sin. As fully God, he rose to life again. According to the New Testament, he rose from the dead, ascended to heaven, is seated at the right hand of the Father, and will ultimately return to fulfill the rest of the Messianic prophecy, including the resurrection of the dead, the Last Judgment, and the final establishment of the Kingdom of God.

According to the canonical gospels of Matthew and Luke, Jesus was conceived by the Holy Spirit and born from the Virgin Mary. Little of Jesus' childhood is recorded in the canonical gospels, although infancy gospels were popular in antiquity. In comparison, his adulthood, especially the week before his death, is well documented in the gospels contained within the New Testament, because that part of his life is believed to be most important. The biblical accounts of Jesus' ministry include: his baptism, miracles, preaching, teaching, and deeds.

Protestant Christians consider the resurrection of Jesus to

be the cornerstone of their faith (see 1 Corinthians 15). Among Christian beliefs, the death and resurrection of Jesus are two core events on which much of Christian doctrine and theology is based. According to the New Testament, Jesus was crucified, died a physical death, was buried within a tomb, and rose from the dead three days later.

The New Testament mentions several post-resurrection appearances of Jesus on different occasions to his twelve apostles and disciples, including "more than five hundred brethren at once", before Jesus' ascension to heaven. Jesus' death and resurrection are commemorated by Christians in all worship services, with special emphasis during Holy Week, which includes Good Friday and Easter Sunday.

The death and resurrection of Jesus are usually considered the most important events in Christian theology, partly because they demonstrate that Jesus has power over life and death and therefore has the authority and power to give people eternal life. Christian churches accept and teach the New Testament account of the resurrection of Jesus with very few exceptions. Some modern scholars use the belief of Jesus' followers in the resurrection as a point of departure for establishing the continuity of the historical Jesus and the proclamation of the early church. Some liberal Christians do not accept a literal bodily resurrection, seeing the story as richly symbolic and spiritually nourishing myth. Arguments over death and resurrection claims occur at many religious debates and interfaith dialogues. Paul the Apostle, an early Christian convert and missionary, wrote, "If Christ was not raised, then all our preaching is useless, and your trust in God is useless".

Paul the Apostle, like Jews and Roman pagans of his time, believed that sacrifice can bring about new kinship ties, purity, and eternal life. For Paul, the necessary sacrifice was the death of Jesus: Gentiles are also the descendants of Abraham and "heirs according to the promise" The God who raised Jesus from the dead would also give new life to the "mortal bodies" of Gentile Christians, who had become with Israel, the "children of God", and were therefore no longer "in the flesh".

Modern Christian churches tend to be much more concerned with how humanity can be saved from a universal condition of sin and death than the question of how both Jews and Gentiles can be in God's family. Christians differ in their views on the extent to which individuals' salvation is pre-ordained by God. Reformed theology places distinctive emphasis on grace by teaching that individuals are completely incapable of self-redemption, but that sanctifying grace is irresistible. In contrast Catholics, Orthodox Christians, and Arminian Protestants believe that the exercise of free will is necessary to have faith in Jesus.

The Trinity is the belief that God is one God in three persons: the Father, the Son (Jesus), and the Holy Spirit.

Trinity refers to the teaching that the one God comprises three distinct, eternally co-existing persons: the Father, the Son (incarnate in Jesus Christ) and the Holy Spirit. Together, these three persons are sometimes called the Godhead, although there is no single term in use in Scripture to denote the unified Godhead. In the words of the Athanasian Creed, an early statement of Christian belief, "the Father is God, the Son is God, and the Holy Spirit is God, and yet there are not three Gods but one God". They are distinct from another: the three persons cannot be divided from one another in being or in operation. While some Christians also believe that God appeared as the Father in the Old Testament, it is agreed that he appeared as the Son in the New Testament and will still continue to manifest as the Holy Spirit in the present. But still, God still existed as three persons in each of these times.

The Trinity is an essential doctrine of mainstream Christianity. The Christian community concluded "that God must exist as both a unity and trinity".

Trinitarianism denotes Christians who believe in the concept of the Trinity. Almost all Christian denominations and churches hold Trinitarian beliefs. Although the words "Trinity" and "Triune" do not appear in the Bible, beginning in the 3rd century theologians developed the term and concept to facilitate apprehension of the New Testament teachings of God as being Father, Son, and Holy Spirit. Since that time, Christian theologians have been careful to emphasize that Trinity does not imply that there are three gods (the antitrinitarian heresy of Tritheism), nor that each hypostasis of the Trinity is one-third of an infinite God (partialism), nor that the Son and the Holy Spirit are beings created by and subordinate to the Father (Arianism). Rather, the Trinity is defined as one God in three persons.

Another Christian doctrine is eschatology. The end of things, whether the end of an individual life, the end of the age, or the end of the world, broadly speaking, is Christian eschatology; the study of the destiny of humans as it is revealed in the Bible. The major issues in Christian eschatology are the Tribulation, death and the afterlife, (mainly for Evangelical groups) the Millennium and the following Rapture, the Second Coming of Jesus, Resurrection of the Dead, Heaven, (for liturgical branches) Purgatory, and Hell, the Last Judgment, the end of the world, and the New Heavens and New Earth.

Christians believe that the second coming of Christ will

occur at the end of time, after a period of severe persecution (the Great Tribulation). All who have died will be resurrected bodily from the dead for the Last Judgment. Jesus will fully establish the Kingdom of God in fulfillment of scriptural prophecies.

Most Christians believe that human beings experience divine judgment and are rewarded either with eternal life or eternal damnation. This includes the general judgement at the resurrection of the dead as well as the belief held by most Protestants in a judgment particular to the individual soul after physical death.

Protestant also cherishes the doctrine of Eucharist like Catholic and Anglican Church. Nearly all forms of worship incorporate the Eucharist, which consists of a meal. It is reenacted in accordance with Jesus' instruction at the Last Supper that his followers do in remembrance of him as when he gave his disciples bread, saying, "This is my body", and gave them wine saying, "This is my blood". Some denominations such as Confessional Lutheran churches continue to practice 'closed communion'. They offer communion to those who are already united in that denomination or sometimes individual church. Catholics further restrict participation to their members who are not in a state of mortal sin. Many other churches, such as Anglican Communion and the Methodist Churches (such as the Free Methodist Church and United Methodist Church), practice 'open communion' since they view communion as a means to unity, rather than an end, and invite all believing Christians to participate.

This food is called among us Eucharist, of which no one is allowed to partake but the man who believes that the things which we teach are true, and who has been washed with the washing that is for the remission of sins, and unto regeneration, and who is so living as Christ has enjoined. For not as common bread and common drink do we receive these; but in like manner as Jesus Christ our Savior, having been made flesh by the Word of God, had both flesh and blood for our salvation, so likewise have we been taught that the food which is blessed by the prayer of His word, and from which our blood and flesh by transmutation are nourished, is the flesh and blood of that Jesus who was made flesh.

The traditional Protestant communities frame worship around the liturgical year. The liturgical cycle divides the year into a series of seasons, each with their theological emphases, and modes of prayer, which can be signified by different ways of decorating churches, colors of paraments and vestments for clergy, scriptural readings, themes for Calendars set aside holy days, such as solemnities which commemorate an event in the life of Jesus, and periods of fasting. Christian groups that follow a liturgical tradition often retain certain celebrations, such as Christmas, Easter, and Pentecost: these are the celebrations of Christ's birth, resurrection, and the descent of the Holy Spirit upon the Church, respectively. A few denominations such as Quaker Christians make no use of a liturgical calendar. The cross, today one of the most widely recognized symbols, was used by Christians from the earliest times although the cross was known to the early Christians, the crucifix did not appear in use until the 5th century. Among the earliest Christian symbols, that of the fish or Ichthys seems to have ranked first in importance, as seen on monumental sources such as tombs from the first decades of the 2nd century.

Baptism is the ritual act, with the use of water, by which a person is admitted to membership of the Church. Beliefs on baptism vary among denominations. Differences occur firstly on whether the act has any spiritual significance. There are differences of opinion on the methodology (or mode) of the act. These modes are: by immersion; if immersion is total, by submersion; by affusion (pouring); and by aspersion (sprinkling). Those who hold the first view may also adhere to the tradition of infant baptism; the Orthodox Churches all practice infant baptism and always baptize by total immersion repeated three times in the name of the Father, the Son, and the Holy Spirit. The Lutheran Church and the Catholic Church also practice infant baptism, usually by affusion, and using the Trinitarian formula. Anabaptist Christians practice believer's baptism, in which an adult chooses to receive the ordinance after making a decision to follow Jesus. Anabaptist denominations such as the Mennonites, Amish use pouring as the mode to administer believer's baptism.

In the Gospel of Saint Matthew, Jesus taught the Lord's Prayer, which has been seen as a model for Christian prayer. The injunction for Christians to pray the Lord's prayer thrice daily was given in the Didache (teachings of early church). Churches of the Protestant Reformation, however, rejected prayer to the saints, largely on the basis of the sole mediatorship of Christ. The reformer Huldrych Zwingli admitted that he had offered prayers to the saints until his reading of the Bible convinced him that this was idolatrous.

■ Protestant church believes that the Bible was written under the inspiration of the Holy Spirit.

Protestant churches have adherents whose beliefs and biblical interpretations vary. Christianity regards the biblical canon, the Old Testament and the New Testament, as the inspired word of God. The traditional view of inspiration is that God worked through human authors so that what they produced was what God wished to communicate.

Some believe that divine inspiration makes present Bibles inerrant, while others claim inerrancy for the Bible in its original manuscripts, although none of those are extant. Still others maintain that only a particular translation is inerrant, such as the King James Version. Another closely related view is biblical infallibility or limited inerrancy, which affirms that the Bible is free of error as a guide to salvation, but may include errors on matters such as history, geography, or science.

The canon of the Old Testament accepted by Protestant churches, which is only the Tanakh (the canon of the Hebrew Bible).

Many Protestant Christians, such as Lutherans and the Reformed, believe in the doctrine of sola scriptura that the Bible is a self-sufficient revelation, the final authority on all Christian doctrine, and revealed all truth necessary for salvation; other Protestant Christians, such as Methodists and Anglicans, affirm the doctrine of prima scriptura which teaches that Scripture is the primary source for Christian doctrine, but that "tradition, experience, and reason" can nurture the Christian religion as long as they are in harmony with the Bible. Protestants characteristically believe that ordinary believers may reach an adequate understanding of Scripture because Scripture itself is clear in its meaning (or "perspicuous"). Martin Luther believed that without God's help, Scripture would be "enveloped in darkness". He advocated for "one definite and simple understanding of Scripture". John Calvin wrote, "all who refuse not to follow the Holy Spirit as their guide, find in the Scripture a clear light" Related to this is "efficacy", that Scripture is able to lead people to faith; and "sufficiency", that the Scriptures contain everything that one needs to know to obtain salvation and to live a Christian life.

Protestants stress the meaning conveyed by the words of Scripture, the historical-grammatical method. The historical-grammatical method or grammatical-historical method is an effort in Biblical hermeneutics to find the intended original meaning in the text. This original intended meaning of the text is drawn out through examination of the passage in light of the grammatical and syntactical aspects, the historical background, the literary genre, as well as theological (canonical) considerations. The historical-grammatical method distinguishes between the one original meaning and the significance of the text. The significance of the text includes the ensuing use of the text or application. The original passage is seen as having only a single meaning or sense. The moment we neglect this principle we drift out upon a sea of uncertainty and conjecture. Technically speaking, the grammatical-historical method of interpretation is distinct from the determination of the passage's significance considering that interpretation. Taken together, both define the term (Biblical) hermeneutics. Some Protestant interpreters make use of typology.

■ Orthodox Church

In AD 1054, Orthodox church separated from Catholic Church due to a dispute over the authority of Pope. While Catholic Church emphasizes that the Pope is the head of the entire church, Orthodox Church believes that the Pope cannot represent the entire church. Since the split from Catholic Church, Greek Orthodox Church and Russian Orthodox Church came under the authority of the Patriarch of Constantinople. Later, these two churches became independent from Constantinople archdiocese.

Greek Orthodox Church

The Greek Orthodox Church, a noteworthy entity within Christianity, it represents one of the oldest religious traditions in the world. Rooted in the early Christian communities established by the apostles in the Eastern Mediterranean. The Church, often referred to simply as the Orthodox Church, encompasses a rich tapestry of history, theology, and culture. To fully appreciate what the Greek Orthodox Church signifies, one must delve into its origins, evolution, doctrines, and distinctive practices.

Historically, the Greek Orthodox Church emerged from the early Christian teachings and ecclesiastical structures established throughout the Roman Empire. By the time of the Great Schism in 1054, the Christian world had effectively bifurcated into the Roman Catholic Church in the West and the Eastern Orthodox Churches in the East. The schism primarily revolved around papal supremacy and theological differences, culminating in the distinct identity of the Eastern Orthodox tradition, which includes the Greek Orthodox Church as a significant branch.

The geographical footprint of the Greek Orthodox Church is vast, transcending the borders of Greece. While it is rooted in Hellenic culture, its influence extends into numerous nations, including parts of the Middle East, Eastern Europe, and the Americas. Each community exhibits unique cultural expressions, yet they remain unified by core theological tenets and liturgical practices. This universality is encapsulated in the term "Orthodox," which denotes right belief and practice, underscoring the Church's commitment to maintaining the integrity of the Christian faith as understood by the early Church Fathers.

Theological distinctiveness is another hallmark of the Greek Orthodox Church. Central to its beliefs is the doctrine of the Holy Trinity, comprising God the Father, God the Son (Jesus

Christ), and God the Holy Spirit. This triune understanding of God is foundational to Orthodox theology and worship. Additionally, Christ's dual nature-fully divine and fully human is affirmed in the Greek Orthodox tradition, echoing the teachings set forth during the early ecumenical councils.

Within the Orthodox Church, sacraments play a pivotal role in the spiritual life of its adherents. The Greek Orthodox Church recognizes seven sacraments, which include Baptism, Chrismation, Eucharist, Confession, Marriage, Ordination, and Unction. Each sacrament serves as a conduit of divine grace, facilitating a deeper communion between the faithful and God. Of particular significance is the Eucharist, considered the heart of Orthodox worship, where the faithful partake of the body and blood of Christ in a profound act of remembrance and participation in the divine life.

The liturgical traditions of the Greek Orthodox Church are both ancient and intricate. Divine Liturgy, the primary form of worship, is a rich tapestry of prayers, hymns, and rituals, lasting from one to two hours. The use of icons, or sacred images, is integral to Orthodox spirituality, serving as windows to the divine and aiding the faithful in their prayers. Icons are not merely decorative; they are revered as depictions of the holy and the sacred, connecting believers with the saints and the events of salvation history.

In their observances, Greek Orthodox Christians adhere to a liturgical calendar filled with feasts, fasts, and commemorations, deeply imbued with spiritual significance. The Great Lent, culminating in Pascha (Easter), is a period of intense reflection and preparation, whereby believers engage in fasting and prayer. This season invites introspection and enhances the faithful's spiritual engagement, uniting them in the shared experience of sacrifice and renewal. The theology of salvation in the Greek Orthodox perspective diverges from other Christian denominations, emphasizing a transformative journey rather than a singular event of justification. The process of theology is crucial, wherein believers strive to participate in the divine nature through grace and righteous living. This understanding of salvation emphasizes personal transformation, spiritual discipline, and communion with

God, reflecting the Church's ultimate purpose: to become one with the divine and attain eternal life.

Another noteworthy aspect is the emphasis on tradition and the teachings of the early Church Fathers. The Greek Orthodox Church places immense value on the continuity of faith throughout history, adhering closely to the teachings passed down through the centuries. This connection to tradition is vital, assuring adherents that their faith is anchored in the authenticity of the early Christian community and the apostolic witness.

The contemporary Greek Orthodox Church faces several challenges and opportunities in the modern world. Issues such as secularism, interfaith dialogue, and the role of technology in worship present both hurdles and avenues for outreach. In an increasingly pluralistic society, the Greek Orthodox Church is called to articulate its beliefs while embracing the fundamental teachings that bridge differences among Christians and foster understanding among diverse faith traditions.

In essence, the Greek Orthodox Church embodies a rich historical legacy, vibrant spiritual life, and profound theological depth. Its key beliefs and practices not only link the present to a distant past but also offer a framework for navigating contemporary spiritual challenges. As believers unite in faith, engage in worship, and live out their convictions, the essence of Greek Orthodoxy is perpetuated through generations, promising continuity in a rapidly changing world. This comprehensive exploration of the Greek Orthodox Church illustrates its significance within the broader Christian landscape. With a history steeped in tradition, a commitment to key beliefs, and a vibrant liturgical life, the Greek Orthodox Church stands as a testament to the enduring legacy of faith rooted in love, community, and a profound pursuit of the divine.

Russian Orthodox Church

Russian Orthodox Church was forned among the Slave people and the countries of eastern Europe. The supreme government of the Russian Orthodox Church is the Local Council. It is convened periodically and is made up of all the bishops, as well as elected delegates from among clergymen, monastics and laymen. The Local Council also elects the Patriarch of Moscow and All Russia. The Council of Bishops, which gathers the entire episcopate as well as the heads of Holy Synod departments and rectors of the theological academies and seminaries. The Council must convene at least every four years and also on the eve of a Local Council. Ordinary administration of the church is carried out by the Holy Synod. It is composed of the Patriarch and six diocesan bishops, three of them permanent and three temporary members.

At the late 1994 meeting of the Russian Orthodox Council of Bishops, the church had gone through a very difficult period since the previous meeting in 1992. It had had to deal with problems relating to liturgical practice, proper theological and pastoral formation, and ecclesial service to society. The assembly turned down a call from conservative groups for the Moscow Patriarchate to withdraw from all ecumenical organizations, but it condemned the missionary activity being carried out in Russia by American Methodist, Evangelical and Presbyterian groups. The bishops sanctioned the beginning of a vast effort to catechize and evangelize the Russian population and set up a special commission to review liturgical practice and texts to make the liturgy more easily understood by the faithful. The bishops again turned down efforts to bring about the withdrawal of the Russian church from the World Council of Churches and called for pan-Orthodox discussions on the advisability of WCC membership.

The perceived threat from foreign religious groups was one of the factors that led the Russian Orthodox Church to support a new Law on Religion. The law identifies Islam, Buddhism, Judaism and Christianity as traditional religions, and restricts the activities of new groups by imposing a 15-year waiting period for registration. It limits the activity of unregistered groups to informal, private practice, and places severe constraints on the activity of foreign missionaries. The law's restriction of religious freedom raised concerns in the West but appeared to reflect a consensus on the question within Russian society. There are reports that the new law is being applied rigorously in different parts of the country.

Relations with the Catholic Church, however, had sharply deteriorated. The Moscow Patriarchate reacted angrily when the Holy See established four dioceses in Russia in February 2002 and broke off the semiannual meetings that had been taking place with Vatican officials. The Russian Orthodox Church also opposed a visit by the Pope to Russia.

Since the end of communism, the Moscow Patriarchate has enforced a strict ban on the participation of clergy in politics but has also entered into several cooperative agreements with the government. An agreement was signed on August 30, 1996, with the Ministry of Internal Affairs that provided for a Russian Orthodox pastoral presence in prisons around the country (there are now over a thousand prisons with Orthodox chaplains), and in the police force. It concluded a cooperation agreement with the Russian Ministry of Defense on April 4, 1997, that committed both sides to "work together to revive the Orthodox traditions of the Russian army and navy." A few churches have been constructed in military installations, and 2,072 military units had Orthodox chaplains by 2007. A cooperation agreement was formalized with the Ministry of Education on August 2, 1999, in which the two parties pledged to work together to educate young people "in the spirit of high moral values."

In 1920 there was a meeting of over 20 of these Russian Orthodox bishops in Constantinople. They decided temporarily to create an autonomous church for Russians, intending to re-establish canonical links with the Moscow Patriarchate in the new Soviet Union when conditions permitted.

Relations between the Archdiocese of Constantinople and the Russian Orthodox Church improved after the collapse of the Soviet Union. For the first time since it was received into the jurisdiction of the Ecumenical Patriarchate in 1931, an official delegation from the archdiocese visited the Moscow Patriarchate in November 1994. Relations were now friendly, and in practice the archdiocese was in full Eucharistic communion with the Moscow Patriarchate.

At home, however, in the countries of the former USSR, the unity of the Moscow Patriarchate was threatened by centrifugal forces set in motion after the disintegration of the communist system and the breakup of the Soviet Union. In January 1990, when conditions were already changing, the Russian Orthodox Council of Bishops met in Moscow and decided to grant a certain measure of autonomy to the Orthodox churches in Ukraine and Belarus. Each of these was made an exarchate of the Moscow Patriarchate, with the optional names "the Ukrainian Orthodox Church" and "the Belarusan Orthodox Church". Following the dissolution of the Soviet Union on December 25, 1991, and the independence of the various successor states, the Patriarchate granted similar autonomous status to the Orthodox churches in Estonia, Latvia and Moldova.

Unfortunately, Russian Orthodox Church has been used as a tool to support the Russian government because financially, the Russian Orthodox Church has been supported by the government. And currently, there is a conflict between Greek Orthodox Church and Russian Orthodox Church for the hegemony of the Eastern Orthodox Church.

The membership statistics of the Russian Orthodox Church below were posted on the web site of the World Council of Churches as of early 2021. It provided this membership breakdown according to countries: Russian Federation (113,500,000), Ukraine (30,000,000), Belarus (8,200,000), Moldova (4,100,000), Kazakhstan (5,900,000), Central Asia (1,000,000), and the Baltic states (1,400,000).

Chapter 3

Islam

Chapter 3 : Islam

Islam is the one of the fastest growing religions in the world. A distinctive feature of Islam compared to other religions, is its highly assertive and forceful methods of Proselytization. Islam is the second-largest religion in the world after Christianity. The number of adherents to Islam is approximately 2.02 billion. The followers of Islam are called Muslims and worship at mosques.

As one of the three Abrahamic religions (alongside Judaism and Christianity), Islam is a monotheistic faith that worships one god, "Allah". The word Islam means "submission" or "surrender" to God's will, just as its faithful surrender to the will of Allah. Although its roots go back further in time, scholars typically date the founding of Islam to the 7th century, making it the youngest of the major world religions. Islam started in Mecca, in modern-day Saudi Arabia, during the time of the Prophet Muhammad.

Today, Islamic faith is widely practiced in the Middle East and North Africa. It also has many adherents in Southeast Asia. Indonesia, in fact, has the largest number of followers of the Islamic faith.

Doctrine of Islam Religion (absolute submission)

Followers of Islam aim to live a life of complete submission to Allah. They believe that nothing can happen without Allah's permission, but humans have free will.

Islam teaches that Allah's word was revealed to the Prophet Muhammad through the angel Gabriel. Muslims believe several prophets were sent to teach Allah's law. They respect some of the same prophets as Jews and Christians, including Abraham, Moses, Noah and Jesus. Muslims contend that Muhammad was the final prophet.

A central idea in Islam is "jihad," which means "struggle". Although the term has been used negatively in mainstream culture, Muslims believe it refers to internal and external efforts to defend their faith. In rare cases, this can include military jihad if a "just war" is needed.

The Quran (sometimes spelled Qur'an or Koran) is the major holy text of Islam. The Hadith is another important book. Muslims also revere some material found in the Judeo-Christian Bible. Followers worship Allah by praying and reciting the Quran. They believe there will be a day of judgment and life after death.

Some important Islamic holy places include the Kaaba shrine in Mecca, the Prophet Muhammad's mosque in Medina and the Al-Aqsa mosque in Jerusalem.

There are Five basic Pillars that are essential to the Islamic faith: 1) Shahada: to declare one's faith in God and belief in Muhammad, 2) Salat: to pray five times a day (at dawn, noon, afternoon, sunset and evening), 3) Zakat: to give to those in need, 4): Sawm: to fast during Ramadan, 5) Hajj: to make a pilgrimage to Mecca at least once during a person's lifetime if the person is able.

Muhammad: the Founder of Islam

The Prophet Muhammad, sometimes spelled Mohammed or Mohammad, was born in Mecca, Saudi Arabia, in A.D. 570. Muslims believe he was the final prophet sent by God to reveal their faith to humankind. According to Islamic texts and tradition, an angel named Gabriel visited Muhammad in 610 while he was meditating in a cave. The angel ordered Muhammad to recite the words of Allah. Muslims believe Muhammad continued to receive revelations from Allah throughout the rest of his life.

Starting in about 613, Muhammad began preaching the messages he received throughout Mecca. He taught that there was no other God but Allah and that Muslims should devote their lives to this God.

In 622, Muhammad traveled from Mecca to Medina, another city in present-day Saudi Arabia, with his supporters. This journey became known as the Hijra (also spelled Hegira or Hijrah), and its start marked the beginning of the Islamic calendar. At his home in Medina, Muhammad is credited with building the first mosque in his house's courtyard. Mosques today follow some of the same principles he established there. For example, Muslim prayer is often conducted in a mosque's large open space or outdoor courtyard.

Some seven years after arriving in Medina, the prophet and his many followers returned to Mecca and conquered the region. Muhammad continued to preach until his death in 632.

Caliph System (successor of Muhammad)

After Muhammad's death, Islam began to spread rapidly. A series of Muslim leaders, known as caliphs, became successors to Muhammad as spiritual and civil heads. This system of leadership became known as a caliphate. The first caliph was Abu Bakr, Muhammad's father-in-law and close friend. Abu Bakr died about two years after he was elected. Caliph Umar, another father-in-law of Muhammad, succeeded Abu Bakr in 634. When Umar was assassinated six years after being named caliph, one of Muhammad's sons-in-law named Uthman took the role. Uthman was also killed, and Ali, Muhammad's cousin as well as his son-in-law, was selected as the next caliph. During the reign of the first four caliphs, Muslims conquered large regions in the Middle East, including Syria, Palestine, Iran and Iraq. Islam also spread throughout areas in Europe, Africa and Asia.

The caliphate system lasted for centuries and eventually evolved into the Ottoman Empire, which controlled large regions in the Middle East from about 1517 until 1917, when World War I ended the Ottoman reign.

Two branches of Islam : Sunni and Shia

When Muhammad died, there was debate over who should replace him as leader. This led to a schism in Islam, and two major sects emerged: Sunni and Shia.

Sunnis represent as many as 90 percent of Muslims worldwide. They accept that the first four caliphs were the true successors to Muhammad. Shia Muslims (Shiite) believe that only the caliph Ali and his descendants are the real successors to Muhammad. They deny the legitimacy of the first three caliphs. Today, Shia Muslims have a considerable presence in Iran, Pakistan, Iraq and India.

Quran (Bible of Islam)

Muslims consider the Quran their most important holy book. It contains some basic information that is found in the Hebrew Bible as well as revelations that were given to Muhammad. The text is considered the sacred word of God and supersedes any previous writings. Muhammad was never taught to read or write. Thus, most Muslims believe the prophet's scribes wrote down his words, which became the Quran. Scholars believe the Quran was compiled shortly after Muhammad's death, under the guidance of Caliph Abu Bakr. The book is written with Allah as the first person, speaking through the angel Gabriel to the Prophet Muhammad. It contains 114 chapters, which are called surahs.

During prayer, Muslims face toward Mecca. Each mosque has a mihrab, a decorative feature or niche that indicates the direction to the Islamic holy city. Men and women pray separately, and Muslims may visit a mosque five times a day for each of the prayer sessions.

Imam (Leaders of Islam)

Imam is an Islamic leadership position. For Sunni Muslims, imam is most commonly used as the title of a prayer leader of a mosque. In this context, imams may lead Islamic prayers, serve as community leaders, and provide religious guidance. Thus, for Sunnis, anyone can study the basic Islamic teachings and become an imam. For most Shia Muslims, the imams are absolute infallible leaders of the Islamic community after the Prophet. Shias consider the term to be only applicable to the members and descendants of the Ahl al-Bayt, the family of the Islamic prophet Muhammad. In Twelver Shi'ism there are 14 infallibles, 12 of which are imams, the final being Imam Mahdi who will return at the end of times. The title was also used by the Zaidi Shia imams of Yemen, who eventually founded the Mutawakkilite Kingdom of Yemen (1918-1970).

Sunni imam

Sunni Islam does not conceive of the role of imams in the same sense as Shia Islam: an important distinction often overlooked by non-Muslims. In everyday terms, an imam for Sunni Muslims is the person charged with leading formal Islamic prayers (Fard)-even in locations besides the mosque-whenever prayer is performed in a group of two or more. The imam leads the worship and the congregation copies his actions. Friday sermons are most often given by an appointed imam. All mosques have an imam to lead the congregational prayers-even though it may sometimes just be a member from the gathered congregation rather than an officially appointed, salaried person. Women cannot be imams when men are present but are allowed to be when no men are present. An imam should be chosen, according to Hadith, based on his knowledge of the Quran and Sunnah and his moral character.

Shia Imam

Shia imam has more authority than Sunni imam. Shia

imam is not only presented as the man of God par excellence, but as participating fully in the names, attributes, and acts that theology usually reserves for God alone. Imams have a meaning more central to belief, referring to leaders of the community. Twelver and Ismaili Shi'a believe that these imams are chosen by God to be perfect examples for the faithful and to lead all humanity in all aspects of life. They also believe that all the imams chosen are free from committing any sin, impeccability which is called ismah. These leaders must be followed since they are appointed by God.

In recent years, Islam's supposed association with terrorism and mass murder has sparked a political debate in many countries. The controversial term "radical Islam" has become a well-known label to describe the religion's connection to acts of violence. Recent surveys have found that in countries with high Muslim populations, the majority of Muslims have overwhelmingly negative views of terrorist organizations like the Islamic State group (previously known as ISIS). While Muslims aim to clear up misconceptions about their faith, the religion continues to spread rapidly. Today, Islam is the world's fastest-growing religion. Experts predict Islam will surpass Christianity as the largest religion by the end of the century.